AÇÃO!

VAMOS TREINAR

Um guia sobre a correta execução das tarefas para quem é e quem não é de treinamento

PETERSON COLI

NOVALEXANDRIA

AÇÃO!
VAMOS TREINAR

Um guia sobre a correta execução das tarefas para quem é e quem não é de treinamento

PETERSON COLI

NOVALEXANDRIA Ideale books

Copyright dos textos © Peterson Coli, 2023
Copyright das ilustrações © Pedro Coli, 2023
Direitos de publicação: © Editora Nova Alexandria e © Ideale Books

Coordenação Editorial: Rosa Maria Zucheratto
Capa e Projeto Gráfico: Maurício Mallet Art & Design
Ilustrações: Pedro Coli
Preparação de originais: Renata Melo
Este livro é uma coedição da Editora Nova Alexandria e Ideale books

---

DADOS INTERNACIONAIS DE CATALOGAÇÃO NA PUBLICAÇÃO (CIP)
Ficha catalográfica elaborada pelo bibliotecário Pedro Anizio Gomes - CRB-8 8846

C696a Coli, Peterson.
Ação! Vamos treinar: Um guia sobre a correta execução das tarefas para quem é e quem não é de treinamento / Peterson Coli; Ilustrações de Pedro Coli. – 1. ed. – São Paulo, SP: Editora Nova Alexandria, 2023.
240 p.; il.; gráfs.; tabs.; quadros; fotografias; 16 x 16 cm.

Inclui bibliografia.
ISBN 978-85-7492-501-1.

1. Atendimento. 2. Atendimento ao Cliente. 3. Excelência em Atender.
4. Produtividade. 5. Treinamento. I. Título.
II. Assunto. III. Autor.

CDD 331.259
CDU 331.101

ÍNDICE PARA CATÁLOGO SISTEMÁTICO
1. Recursos humanos: Treinamento.
2. Recursos humanos.

Todos os direitos reservados e protegidos. Nenhuma parte deste livro pode ser reproduzida total ou parcialmente, sem a expressa autorização da editora.
O texto deste livro contempla a grafia determinada pelo Acordo Ortográfico da Língua Portuguesa, vigente no Brasil desde 1º de janeiro de 2009.

*Para Bete, Pedro, João e Maria,
meus motivos para ação.*

*Para todos os que me
incentivaram e ajudaram
de alguma maneira a
escrever este livro.*

SUMÁRIO

AGRADECIMENTOS _____ 08
APRESENTAÇÃO _____ 11

1. PARA QUE SERVEM AS EMPRESAS – E O QUE
   AS EMPRESAS SERVEM _____ 15
2. A EVOLUÇÃO HUMANA E O SER HUMANO HOJE _____ 43
3. ATENDIMENTO É DIFERENTE DE TRATAMENTO
   – MAS PODE SER A MESMA COISA _____ 55
4. RESULTADO! PROCESSOS E PESSOAS; PESSOAS E PROCESSOS ___ 75
5. AÇÃO – NOSSAS 24 HORAS DE AÇÃO! _____ 93
6. CURVA DE APRENDIZAGEM – A PRÁTICA LEVA À PERFEIÇÃO ___ 109
7. COMUNICAR O QUE CONHEÇO – SIMPLES ASSIM _____ 123
8. 4 IDEIAS EM QUE ACREDITO – PODE SER FÁCIL _____ 135

9.	A JORNADA DO TREINAR – MUITO ALÉM DA SALA DE AULA	145
10.	JUNTANDO TUDO ISSO – CRIANDO UM PLANO DE AÇÃO	157
11.	POR QUE DISNEY? – MAGIA E GENIALIDADE	175

ACABOU, MAS AINDA TEM! AÇÃO PRECISA DE MOVIMENTO	197
COMPARTILHANDO CONHECIMENTOS – LIVROS DE QUE GOSTO MUITO	203
VAMOS CONVERSAR – SOBRE TUDO ISSO OU NADA DISSO	207
MINHAS FICHAS	211

Ao final do livro, reuni várias obras de que gosto muito, que me inspiraram e me ajudaram a chegar até aqui.

AGRADECIMENTOS

*Obrigado, Austin Kleon.
Como um artista, assumo que
"roubei", como você recomenda
em "Roube como um artista".
Gostei tanto, inspirou-me,
incentivou-me tanto, que não
considero um "roubo" e sim
uma homenagem.*

*Obrigado, Simon Sinek.
Do mesmo modo, deu-me a
inspiração e o incentivo para
descobrir meu propósito.
Obrigado.*

"SE VOCÊ PODE SONHAR, VOCÊ PODE REALIZAR."

Walt Disney

Foto: Sarah Feitosa

Peterson Coli

APRESENTAÇÃO

Aprender é uma das melhores sensações que podemos experimentar. Muitas vezes ficamos contentes apenas pelo fato de fazer alguém feliz. Pessoalmente, acredito mesmo que só somos felizes assim!

Este livro apresenta muito da minha forma de enxergar o mundo. Mostra meu propósito de trabalhar para o mundo. Para mim, conhecimento deve ser sempre compartilhado, dividido.

Encantador (e mais que isso, extraordinário!) não é só treinar, é despertar nas pessoas a vontade de aprender, sempre. Aprendi isso ao longo de décadas – sim, já passei dos cinquenta – criando, desenvolvendo, errando, aplicando aulas e treinamentos.

Este é um presente, um estímulo para que mais pessoas aprendam que treinar é uma forma de carinho, de acreditar no ser humano, na construção de uma sociedade mais justa, generosa e empática.

Para você, que tem a missão de desenvolver pessoas, quer esteja na área de treinamento ou não, faço um pedido especial: cuide muito bem das pessoas da linha de frente de sua empresa. São elas que vão lhe entregar o resultado que você deseja.

Estamos juntos, e juntos vamos nesta missão!

FAZEMOS ALGUMA COISA A TODO MOMENTO.

QUEREMOS ALGUM RESULTADO COM ESSAS COISAS QUE FAZEMOS.

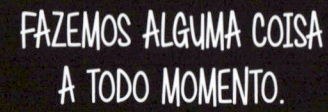

ENTÃO, PRECISAMOS SABER FAZER ESSAS COISAS CORRETAMENTE.

POR QUE AÇÃO?

Vamos pensar um pouco sobre o que fazemos, quais são nossas ocupações e tarefas durante as 24 horas do dia. A todo momento, estamos fazendo alguma coisa (mesmo quando não estamos fazendo nada!), seja trabalhando, brincando ou assistindo TV, seja na internet, no cinema, pensando ou dormindo.

Todas essas atividades têm algo em comum: em todas elas, estamos *respirando*. Respiração... respira... -ção... ação de respirar! – uma das coisas mais simples que fazemos, de forma automática, inconsciente e perfeita.

E posso afirmar com segurança que mesmo ações simples do nosso cotidiano podem ser reaprendidas, para que sejam executadas corretamente ou mesmo melhoradas. Esta ação de *reaprender* está muito relacionada com treinamento.

É sobre isso que quero conversar com você. Passamos nossa vida executando ações, realizando tarefas. Tudo o que fazemos resulta em algo e boa parte dessas ações impacta outras pessoas.

Se queremos bons resultados naquilo que fazemos, precisamos saber executar corretamente as nossas ações – das mais simples às mais complexas. Se queremos que tais ações ajudem outras pessoas, então é necessário muita disciplina e trabalho para transformá-las em resultados de verdade.

VAMOS PARA A AÇÃO?

"UMA BOA LINHA DE FRENTE EQUIVALE A BONS RESULTADOS FINANCEIROS. ENTREGUE UM ATENDIMENTO INESQUECÍVEL AO CLIENTE NA LINHA DE FRENTE E OS RESULTADOS FINANCEIROS SERÃO RECOMPENSADOS."

Walt Disney

1

PARA QUE SERVEM AS EMPRESAS

E O QUE AS EMPRESAS SERVEM

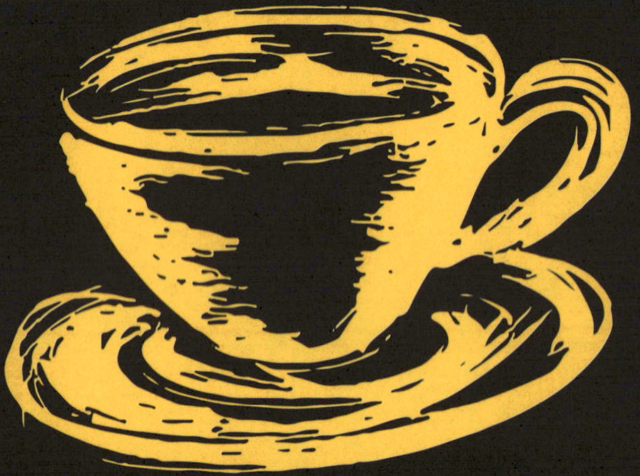

SERVIMOS BEM PARA SERVIR SEMPRE!

ATENDER É SERVIR

TODO MUNDO TEM NECESSIDADE DE ALGUMA COISA, EM ALGUM MOMENTO.

AS EMPRESAS SÓ EXISTEM PARA SATISFAZER AS NECESSIDADES DE ALGUÉM.

NENHUMA EMPRESA SOBREVIVE SE *NÃO ATENDER* ÀS NECESSIDADES DOS CLIENTES.

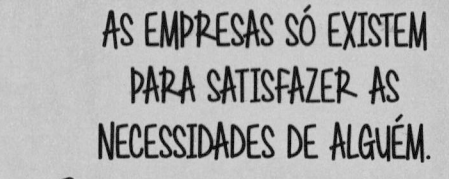

Muito se tem falado sobre algumas novas empresas que atuam em formato de plataformas e na maneira como elas atendem seus clientes. Vejamos o exemplo da Uber. Esta é a sua missão[1]:

"TRABALHAMOS PARA MELHORAR A MOBILIDADE DAS PESSOAS EM TODO O MUNDO."

"Mobilizamos o mundo. É nossa força vital. Corre por nossas veias. É o que nos tira da cama todas as manhãs. Isso nos leva a reimaginar constantemente como podemos nos mover melhor. Para você. Por todos os destinos que te esperam. Por tudo o que você quer alcançar. Para todas as suas formas de ganhar dinheiro. No mundo todo. Em tempo real. Na incrível velocidade do agora."

A missão da Hoteis.com, por sua vez, é *"ajudar você a encontrar o seu lugar perfeito para curtir férias inesquecíveis."*

Já na missão do iFood, temos:
"Nosso SONHO GRANDE é revolucionar o universo da alimentação por uma vida mais prática e prazerosa. Geramos oportunidades para milhões de pessoas, que se conectam como parceiros e parceiras em nossas plataformas para restaurantes, mercados e entregadores."

---

[1] Vale a pena ler a página completa da missão da Uber em www.uber.com

A Hoteis.com não possui nenhum hotel. O iFood, nenhum restaurante e a Uber, nenhum carro.

Essas e outras plataformas desenvolvem a tecnologia que permite fazer a ponte entre os usuários e seus desejos ou necessidades. Oferecem os produtos e serviços, sem possuir um estoque ou uma cozinha, sem ter uma frota de carros ou uma estrutura hoteleira.

Atender a uma necessidade é, antes de tudo, *entender* o que as pessoas desejam e precisam. Se em determinada situação as pessoas precisam (ou desejam) ir de um lugar ao outro, não necessariamente precisam ter um carro. Elas precisam é de *algo* que as leve.

Haverá a situação em que as pessoas *querem* ou *desejam* ir de um lugar ao outro dirigindo. Mesmo assim, não precisam obrigatoriamente ter um carro, elas podem simplesmente alugá-lo. O mesmo se pode dizer da comida. O iFood não possui nenhum restaurante, mas entrega ao cliente (literalmente!) a experiência de fazer uma refeição.

Nós temos muitas necessidades.
Queremos muitas coisas.
Queremos fazer muitas coisas.
Precisamos de muitas coisas.

O psicólogo norte-americano Abraham Harold Maslow desenvolveu a pirâmide das necessidades humanas e, de uma forma muito simples, criou uma hierarquia dessas necessidades. Notem que a primeira delas é a respiração!

Muitas das coisas de que necessitamos são essenciais para a nossa própria sobrevivência e, à medida que vão sendo *satisfeitas*, surgem outras e assim sucessivamente.

Percebemos isso logo quando nascemos. Respiramos, ficamos com fome, com sede, dormimos, sujamos a fralda...

PIRÂMIDE DAS NECESSIDADES DE MASLOW

REALIZAÇÃO PESSOAL	Criatividade, talento, desenvolvimento pessoal
ESTIMA	Reconhecimento, *status*, autoestima
SOCIAL	Amor, amizade, família, comunidade
SEGURANÇA	Segurança física, de saúde, da família
FISIOLOGIA	Respiração, comida, água, abrigo, descanso

Parece lógico e é lógico!

Nossas expectativas também são fruto de nossa experiência. Ela pode ter sido realmente *vivida*, ou seja, experimentada empiricamente por nós, ou pode ter chegado à nossa percepção a partir da experiência de outras pessoas, por meio de histórias contadas ou lidas vivências sofridas ou desfrutadas por amigos e familiares etc.

Quando vamos viajar para algum lugar que já conhecemos, temos a expectativa de encontrar algo muito parecido com o que já vimos. Por outro lado, ao visitar lugares desconhecidos, criamos expectativas em função da pesquisa, da experiência de alguém que já viajou para lá, do relato de um guia ou agente de viagens.

Quanto mais temos nossas necessidades e expectativas atendidas, mais satisfeitos ficamos e podemos (não obrigatoriamente) repetir essas experiências. No caso das empresas, essa dinâmica representa mais produtos e serviços vendidos.

Atualmente, as empresas utilizam diversas fontes e recursos para tentar *enxergar* as expectativas dos clientes, através dos hábitos, usos e costumes – é o caso de quando pesquisam as redes sociais. Algumas dessas companhias até criam *novas expectativas*, através de influenciadores e de relatos de experiências vividas por seus clientes – observe como nos baseamos nos "comentários e avaliações" antes de realizar compras *on-line*, por exemplo.

EMPRESA: "ACHO QUE ALGUÉM ESTÁ PRECISANDO (OU IRÁ PRECISAR) DISSO".

ALGUÉM: "UAU! QUE BOM QUE ALGUÉM PENSOU NISSO!"

DE NOVO O ALGUÉM: "MAS SERÁ QUE DÁ PRA MELHORAR, OU FAZER UM POUCO MAIS?"

As primeiras empresas nasceram por causa dessa relação entre necessidade e produção. Basicamente, alguém percebeu que uma pessoa tinha uma necessidade (ou mesmo que viria a ter e nem sabia!). Então, começou a atender, produzir, entregar... e a receber por isso.

Depois, percebeu que, quanto mais entendia essas necessidades e as transformava em produtos e serviços, mais pessoas os desejavam e, com isso, aumentava seus ganhos. Simples, não é?

PARA RESPIRAR, NÃO PRECISO DA AJUDA DE NINGUÉM. MAS, E QUANDO FICO COM FOME?

Veja o exemplo das feiras livres. Alguém imaginou que outra pessoa iria ter fome em algum momento – sobre isso, não é preciso pensar muito, não é? –. Assim, como saciar a fome das pessoas? A resposta é simples também: fornecendo comida para elas.

Descobriu-se, então, que era possível plantar, colher e vender "coisas": alface, banana, tomate, maçãs e todos os alimentos que podem ser cultivados e extraídos da terra. Dessa forma, seria possível matar a fome das pessoas. Sucesso total!

MAS DÁ PARA MELHORAR?

> ## VOCÊ SABIA?
>
> A empresa mais antiga do mundo (e ainda em atividade) é a japonesa Kongo Gumi. Foi fundada há mais de 1.400 anos, para construir templos e castelos. Mas a empresa foi se adaptando às mudanças das diversas épocas para se manter atuante. Exemplo disso foi durante o período da Segunda Guerra Mundial, que arruinou a economia do Japão. Diante do problema, a Kongo Gumi passou a fabricar caixões! Hoje, a empresa faz parte da companhia Takamatsu Construction Group[2].

Certamente alguém um dia disse ou pensou: "Mas tenho que comprar o arroz, o feijão, a salada... E depois ir para casa, lavar, preparar, cozinhar, servir, lavar de novo.... Será que uma outra pessoa não poderia fazer tudo isso por mim?". Deve ter sido assim que nasceu o primeiro restaurante...

---

[2] Fontes: Exame. e Wikipedia – A Enciclopédia Livre, com adaptações

> ## VOCÊ SABIA?
>
> Os primeiros restaurantes surgiram há mais de 250 anos, em Paris, pouco antes da Revolução Francesa. Nesses locais, eram oferecidos os chamados *bouillon restaurant* (caldos restauradores), preparados para recuperar pessoas debilitadas ou que se sentiam fracas. Eles funcionavam de forma diferente das estalagens da Antiguidade – em que as pessoas se hospedavam e aproveitavam para também comer – ou das tabernas medievais – onde se comia em mesas comunais, com hora marcada. Foi nos primeiros restaurantes que as pessoas passaram a ir apenas para fazer refeições[3].

Porém, em seguida surgiram mais perguntas: "Mas tenho de ir até o restaurante?"; "Não tem como alguém entregar na minha casa, com tudo pronto?". A ideia para o primeiro *delivery* também não deve ter sido muito diferente disso.

---

[3] Fontes: Folha de S. Paulo e Revista Veja, com adaptações

VOCÊ SABIA?

O primeiro *delivery* registrado na História foi feito na Coreia, no final do século XVIII. Um estudante anotou em seu diário que havia precisado pedir uma espécie de *noodle* para o almoço, após prestar uma prova exaustiva. Depois, na Índia, esse serviço teve impulso com a demanda por refeições a preços baixos para atender operários. Na Primeira e Segunda Guerras Mundiais, as rações militares também eram entregues aos soldados em porções individuais nas trincheiras. Mais tarde, em 1950, surgiu nos Estados Unidos o *delivery* nos moldes como conhecemos hoje, com técnicas especiais de embalagem e armazenamento. No Brasil, o delivery chegou em 1980. E quem era a queridinha dos pedidos? A pizza, é claro![4]

---

[4] Fontes: Superinteressante e portal Comunidade Sebrae – Serviço Brasileiro de Apoio às Micro e Pequenas Empresas, com adaptações

ATENDER É SERVIR.
PARA SERVIR, PRECISO ENTENDER.

As empresas surgem para servir alguém, em alguma de suas várias necessidades. Elas crescem e prosperam quando, além de atender, conseguem *entender* quais são os mais profundos desejos dos clientes e, muitas vezes, ir além. As organizações de sucesso não param, estão constantemente inconformadas. Sabem que a hierarquia das necessidades não para nunca.

> **OS CLIENTES NUNCA FICAM SATISFEITOS, SEMPRE VÃO QUERER ALGO A MAIS.**

ESSE PROCESSO NÃO TERMINA NUNCA.

Entender as necessidades das pessoas é um exercício de observação, de pesquisa, de *ir a campo*, de conversar muito. É um exercício de humildade, inclusive. Alguns até chamam essas práticas de "pesquisa de mercado". Nem todo mundo consegue fazer isso. Parece óbvio, mas não é. Abrir uma empresa é relativamente simples; difícil é perpetuá-la.

No Brasil, 50% das empresas abertas por novos empreendedores encerram suas atividades antes de completarem três anos de vida[5]. Essa dura realidade acaba com os sonhos de abrir e manter um negócio próprio para maioria das pessoas que buscam uma oportunidade de empreender uma ideia.

Se olharmos para os livros de administração e de gestão, provavelmente eles irão dizer que os negócios não dão certo por três motivos:

> **FALTA DE CONHECIMENTO SOBRE O NEGÓCIO + FALTA DE CAPITAL PRÓPRIO + FALHAS NA ADMINISTRAÇÃO = FRACASSO**

Não nego que esses fatores sejam importantes. Aliás, é fundamental para qualquer negócio sobreviver, que dirá crescer e se perpetuar. Mas prefiro olhar para empresas que conseguem sobreviver e crescer.

---

[5] Fonte: Sebrae

O que elas fazem de *diferente*?
O que fazem para conquistar seus clientes?
É apenas a qualidade dos produtos que oferecem?
O que difere é o atendimento?
Que atendimento é esse?

Existem pessoas e empresas que *antecipam* as necessidades e *enxergam* as expectativas antes de o cliente imaginar que seria possível atender à sua demanda. Chamamos isso, às vezes, de invenções. Pessoas que realizam tais *invenções*, chamo de *gênios*.

Os inventores são exemplos disso. São os gênios que *criam* as necessidades e, depois, nem conseguimos mais imaginar nossas vidas sem elas...

É importante observar também o fato de muitas empresas simplesmente terem desaparecido, sumido do mapa, ainda que tenham sido responsáveis por grandes invenções e criações de produtos e serviços extraordinários, que revolucionam épocas. Muitas vezes, isso acontece simplesmente porque elas pararam de *atender* às necessidades dos clientes!

AS NECESSIDADES MUDAM E AS EXPECTATIVAS NUNCA ACABAM!

TODA VEZ QUE ATENDO A UMA NECESSIDADE, SURGE UMA NOVA EXPECTATIVA, ISSO NÃO TERMINA NUNCA!

Atender às necessidades é básico. Sem esse cuidado e atenção, as empresas não existem. Para terem sucesso, elas precisam mais: precisam enxergar, entender e transformar as expectativas em algo real, concreto. Algumas empresas definem isso como encantar os clientes, *surpreender, superar as expectativas* de seu público. Tem até empresa que chama isso de inovação.

A Disney tem uma fórmula para isso. Eles chamam de "fórmula de sucesso":

QUALIDADE DA EXPERIÊNCIA DO ELENCO + QUALIDADE DA EXPERIÊNCIA DOS VISITANTES + QUALIDADE DA EXPERIÊNCIA DO NEGÓCIO = FUTURO[6]

Dá para copiar essa fórmula e obter o mesmo sucesso da Disney? Acredito que se pode usá-la como inspiração e guia. A Disney é o que é porque faz aquilo que tem que fazer. Simples assim.

As empresas existem para atender às necessidades de alguém. Essas necessidades podem, inclusive, ser de uma outra empresa. Elas mudam de acordo com a própria evolução humana, com o desenvolvimento tecnológico, além de se alterar

---

[6] Fonte: Instituto Disney

conforme as mudanças climáticas, políticas sociais e culturais. E as expectativas caminham juntamente com as necessidades.

Se levarmos em conta que vivemos em uma época de grandes transformações – as maiores da História – e que ocorrem em uma enorme velocidade, é evidente que, então, as necessidades vão mudar com uma rapidez igual ou até maior!

Nesse viés, podemos inferir que só sobrevivem e evoluem as empresas que conseguem satisfazer estas demandas, todos os dias. Alguns chamam isso de inovação; alguns, de evolução; outros, de sobrevivência.

GOSTO DE CHAMAR DE PROPÓSITO.

PROPÓSITO[7]
1. substantivo masculino intenção (de fazer algo); projeto, desígnio. "tenho o firme p. de viajar"
2. aquilo que se busca alcançar; objetivo, finalidade, intuito. "ter bons p. na vida"

Muitas empresas nascem como fruto do sonho de seus fundadores. Veja um significado do conceito:

---

[7] Fonte: Dicionário Oxford Languages On-line

SONHO: IDEAL OU IDEIA DOMINANTE QUE SE PERSEGUE COM INTERESSE E PAIXÃO.[8]

Essa é uma das várias definições da palavra que encontrei no dicionário e suponho que seja a de que a mais gosto – com uma licença poética para o "sonho de padaria".

Acredito que empresas de sucesso conseguiram esse êxito porque seus fundadores tinham um sonho. E muitas vezes, o ideal que perseguiam não estava relacionado apenas a ganhos financeiros. É evidente e necessário que ter lucro importa. Porém, não pode ser a única razão de um empreendimento existir.

---
[8] Fonte: Dicionário Michaelis On-line

Possuir uma empresa baseada nos sonhos também não é garantia de sucesso. No entanto, esse fator implica no aumento das chances de o negócio prosperar e se destacar, principalmente se o sonho é compartilhado, puro e genuíno, verdadeiro; se tem como objetivo atender às necessidades das pessoas, não importa de quem.

Algumas empresas são sucesso em razão da eficiência de seus produtos e serviços. Outras, por causa do sonho e da persistência de seus fundadores. Mudanças de rota são sempre vitais, indispensáveis: o mundo muda, as pessoas mudam, e as necessidades e expectativas acompanham essas mudanças. O sonho não muda, ele se adapta e se transforma em algo maior, constantemente.

Nas empresas de sucesso, os sonhos caminham lado a lado com as expectativas dos clientes. É como se todos *sonhassem juntos*. A capacidade de ouvir, entender, enxergar e produzir "coisas" que continuem encantando os clientes é singular, e nem todos conseguem desenvolvê-la.

Ter como foco constante as necessidades dos clientes é algo difícil, mas não impossível. Empresas são formadas por pessoas, sempre. Então, não é a empresa que tem foco e sim as pessoas que comandam tais empresas.

Características como persistência, coragem, ousadia, confiança, resiliência, visão e uma incrível capacidade de aprender e reaprender são fundamentais. Algumas dessas pessoas são simplesmente seres humanos inspiradores.

Simon Sinek, palestrante motivacional e autor de vários livros, presenteou-nos com sua inesquecível apresentação no TED 20 anos atrás, sobre o Círculo Dourado (*The Golden Circle*) e nos ensina até hoje os fundamentos e a importância de ter um propósito.

O CÍRCULO DOURADO DE SIMON SINEK

POR QUÊ?

COMO?

O QUÊ?

Vale muito a pena assistir à apresentação de Sinek no TED.
Assista umas trinta vezes, no mínimo

36

HOWARD SCHULTZ - STARBUCKS

JEFF BEZOS - AMAZON

DANIEL EK - SPOTIFY

LUIZA HELENA TRAJANO - MAGAZINE LUIZA

FELIPE RAMOS FIORAVANTE - IFOOD

O conceito do Círculo Dourado foi inspirado na Proporção Áurea e encontra a ordem e a previsibilidade do comportamento humano. Considero que comportamento é um conjunto de atitudes, e atitude é o nosso jeito de agir e proceder na vida. São as nossas ações.

COMPORTAMENTO → CONJUNTO DE ATITUDES → MODO DE AGIR E/OU PROCEDER

VOCÊ SABIA?

A Proporção Áurea, também conhecida como número de ouro, é uma descoberta matemática estudada desde a Antiguidade. Ela foi motivada pela busca das proporções presentes na Natureza e passou a ser aplicada às práticas humanas (na Arte e na Arquitetura, por exemplo).[9]

Sinek afirma que tudo começa de dentro para fora. Tudo começa pelo porquê. Para entender o real sentido dessa afirmação (e conseguir colocá-la em prática!) é preciso conhecer muito bem estas definições. Vamos a elas:

---

[9] Fonte: Uol e InfoEscola, com adaptações

O QUÊ	**Toda** empresa sabe O QUE faz. Todo mundo é facilmente capaz de descrever os produtos ou serviços que sua empresa vende ou a função do cargo que desempenha. O QUÊ é fácil de identificar.
COMO	**Algumas** empresas e algumas pessoas sabem COMO elas fazem. Não é tão óbvio quanto O QUÊ, muitos acham que esses são os fatores diferenciados ou motivadores em uma decisão.
POR QUÊ	**Poucas** pessoas ou empresas conseguem enxergar com clareza POR QUE fazem O QUE fazem. E isso não é ganhar dinheiro, isso é consequência. O PORQUÊ é o seu propósito, sua causa ou sua crença. POR QUE sua empresa existe? POR QUE você sai da cama toda manhã? E POR QUE alguém deveria se importar?

Propósito não se cria, descobre-se.

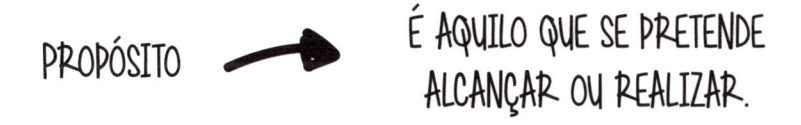

PROPÓSITO ➜ É AQUILO QUE SE PRETENDE ALCANÇAR OU REALIZAR.

Na Bíblia, tanto no Antigo quanto no Novo Testamento, a palavra "propósito" pode ser usada para observar o próprio Deus, bem como os profetas e os apóstolos. O propósito na Bíblia não é apenas um objetivo. Tem seu próprio significado: vontade, até "plano". O significado é uma coisa muito boa se o propósito for o mesmo que a vontade, porque em Romanos 12:2, por exemplo, Paulo descreve a vontade de Deus como "boa, perfeita e agradável". Ele é o criador do céu e da Terra, e fez o homem à sua imagem e semelhança. Portanto, ele quer o nosso bem, quer que sejamos felizes.

"Tudo coopera para o bem daqueles que amam a Deus".
Romanos 8:28

O propósito é o lugar onde você quer chegar, e os objetivos vão orientar as suas ações.

Entender o **porquê** é a base para as empresas e também para as pessoas tomarem todas as suas decisões, pensarem suas mudanças e fazer suas apostas. Quando o motivo pelo qual você **faz o que faz** é o seu guia, fica mais fácil perceber o que é certo para o negócio; entregar produtos e serviços; executar as ações necessárias para encantar, surpreender, superar e fidelizar os clientes.

Quando isso transcende a relação de *compra e venda*, os clientes viram *fãs*, tornam-se defensores da marca. Passam de clientes a *embaixadores* da sua marca.

O porquê não vem do fato de se olhar à frente para saber o que você quer alcançar e de imaginar uma estratégia para chegar lá. Não nasce de nenhum *focus group*! Não vem de extensas entrevistas com clientes, funcionários e fornecedores. Vem do fato de se olhar na direção oposta àquela em que você está agora.

"Achar o porquê é um processo de descoberta, não de invenção."
Simon Sinek[10]

Sem saber e entender o seu *porquê*, a tarefa de atender às necessidades dos clientes fica mais difícil; imagine então atender às expectativas.

Lembre-se: se você trabalha ou tem um restaurante, é obvio que as pessoas que vão até lá têm fome. Porém, o que as faz continuar frequentando é um pouco mais do que isso. Talvez, você nem tenha percebido ou se perguntado por que *elas voltam* mas ainda dá tempo de descobrir.

Quer uma dica? Pergunte para as pessoas por que elas voltam e descubra o que você está fazendo para isso acontecer. Tente "encaixar" a fórmula da Disney dentro do contexto do seu atendimento. Verifique o que está faltando acontecer e os pontos positivos do sucesso. Para que tudo isso aconteça será necessário *ação*.

Ação é executar uma tarefa, simples assim. A sequência de corretas execuções de tarefas trará o resultado que se espera.

Pense nisso.

---
[10] Tradução livre

"TENHA UMA BOA IDEIA E FIQUE COM ELA. SIGA E TRABALHE ESSA IDEIA ATÉ QUE SEJA EXECUTADA E EXECUTADA DA MANEIRA CERTA."

Walt Disney

2

A EVOLUÇÃO HUMANA

E O SER HUMANO HOJE

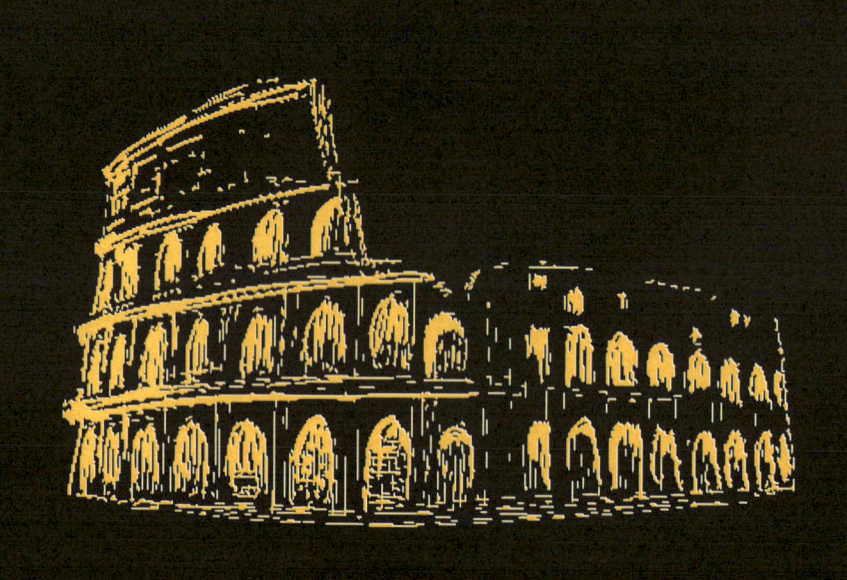

HÁ MAIS DE 300 MIL ANOS, O *HOMO ERECTUS* DESCOBRIU QUE, AO FRICCIONAR DUAS PEDRAS, UMA CONTRA A OUTRA, AS FAÍSCAS PRODUZIDAS PODERIAM GERAR FOGO.

SEMPRE QUE FAZEMOS ALGUMA COISA, É PORQUE QUEREMOS ALGUM RESULTADO.

↓

ESSE RESULTADO ESPERADO É SEMPRE POSITIVO, NINGUÉM FAZ ALGO QUERENDO ERRAR.

↓

PARA RESULTADOS POSITIVOS, PRECISAMOS, ENTÃO, SABER FAZER CORRETAMENTE.

↑

Desde que nos conhecemos como seres humanos, estamos ansiosos por melhores resultados, em tudo o que fazemos. Há mais de 300 mil anos, descobrimos que, ao bater uma pedra em outra, uma faísca era produzida. Até aí tudo bem – fico pensando o que deu na cabeça de alguém bater uma pedra na outra... Mas vá lá...

O homem conhecia o fogo, porém não o dominava. Quando percebeu que era capaz de produzi-lo, buscou uma maneira de o controlar. Bateu uma pedra na outra, friccionou dois pedaços de madeira: produziu o fogo.

E não parou mais. Descobriu, através de testes e experiências, que alguns alimentos ficavam melhores quando eram colocados junto ao fogo: aprendeu a cozinhar.

Passou a caçar, domesticar animais, consumia mais proteínas: diversificou a dieta.

Reunia-se em grupos, aprendeu a se comunicar, começou a rabiscar e desenhar nas paredes das cavernas. Começou a contar histórias, passou a ensinar e aprender com os outros. Estavam surgindo os princípios da educação e da aprendizagem.

Fomos evoluindo, com novas metodologias, técnicas e tecnologias, e cada vez mais aumentava a vontade de ensinar e aprender coisas novas. Em todas essas evoluções, o ser humano sempre procurou buscar melhores resultados, seja para proteção e segurança, seja para conforto e bem-estar.

Desde que o mundo é mundo e nos conhecemos como seres humanos, estamos a todo tempo desenvolvendo nossas competências

Nossa busca constante é por resultados. E cada vez queremos melhores resultados, melhorar nossas "marcas"

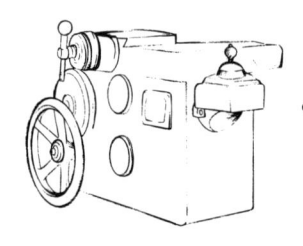

Fizemos grandes construções, mesmo sem toda a tecnologia existente hoje

Aprendemos a produzir fogo por meio de faíscas; dominamos o fogo, domesticamos animais, melhoramos nossa alimentação com mais proteínas

Aprendemos a contar histórias, aprendemos a escrever e desenhar... Acredito, então, que nasciam os primeiros educadores!

Inventamos máquinas para gravar e reproduzir nossos conhecimentos e aprendizagens

Revolucionamos nossa capacidade de produzir coisas – ali começaram a se expandir as empresas

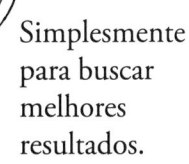

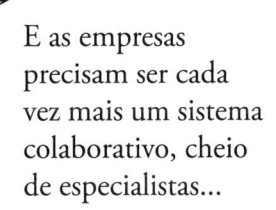

Não paramos mais de revolucionar nossa capacidade de produzir coisas...

Simplesmente para buscar melhores resultados.

O ser humano evolui e passa a ser chamado de especialista

E as empresas precisam ser cada vez mais um sistema colaborativo, cheio de especialistas...

Construímos cidades, pontes e edifícios cada vez mais altos. Escrevemos leis. Queremos ter o controle sobre tudo, ou quase tudo. Gostamos de competir, de ser melhores a cada dia, mais rápidos, mais fortes, mais eficientes.

Isso só é possível porque "aprendemos a aprender". A sede e a fome por aprender e descobrir coisas novas nos move até hoje. Somos insaciáveis pelo saber. Desde que nos conhecemos como seres humanos, estamos desenvolvendo nossas competências.

COMPETÊNCIA

É o substantivo com origem no termo em latim *competere*, que significa uma **aptidão** para **cumprir** alguma tarefa ou função.

Característica daquele que é apto, capaz de realizar alguma coisa. Tendência, capacidade natural ou adquirida, para realizar qualquer coisa.

Pôr em prática; executar (algo predeterminado, combinado, prescrito, prometido, estipulado, ordenado etc.)

Chamamos de competências a soma dos nossos **conhecimentos**, **habilidades** e **atitudes**. Em Administração, isso é conhecido também como **CHA**.

C CONHECIMENTO	H HABILIDADE	A ATITUDE
Saber acumulado pelo indivíduo durante toda a sua vida. É saber *o que fazer*; é o domínio teórico que a pessoa tem sobre determinado tema ou assunto.	É a aplicação produtiva desse conhecimento. É o *saber fazer*, ou seja, está relacionado à capacidade do indivíduo de adquirir conhecimentos e utilizá-los em uma ação, executar uma tarefa.	Refere-se a aspectos sociais e afetivos envolvidos com o trabalho. Diz respeito ao interesse da pessoa, à sua determinação em *querer fazer*.

Costumo sempre dizer uma frase:

> **CONHECIMENTO NÃO GARANTE A EXECUÇÃO.**

Muitas vezes ou, na grande maioria delas, o que precisamos e queremos é a execução – principalmente quando se trata de tarefas – e não somente ter o conhecimento. Não estou dizendo que conhecimento não é importante. Estou afirmando que não adianta *só ter* o conhecimento: é preciso *saber o que fazer* com ele.

Seguindo este conceito, é fundamental entender que as competências precisam estar totalmente associadas aos resultados que esperamos. Nossas competências têm que estar diretamente relacionadas às nossas ações, as tarefas que precisamos ou queremos executar.

Por isso, afirmo:

> **SÓ EXISTE UMA RAZÃO PARA SE FAZER TREINAMENTOS NAS EMPRESAS: RESULTADOS!**

Sempre queremos resultado nas ações que praticamos, nas tarefas que executamos. Se não, por que fazê-las? O resultado sempre existirá. Pode ser um resultado bom ou ruim; satisfatório ou nem tanto. A nota da prova será sempre entre 0 e 10.

Se queremos sempre os melhores resultados, - então precisamos saber executar bem as tarefas. Para isso, é preciso aprender a fazer, é necessário praticar.

Treinar é isso: ensinar e aprender a executar uma ação, uma tarefa: simples assim! Você pode nunca ter pensado nisso, desta maneira. Mas tudo o que fazemos hoje é consequência deste movimento, desta ação de aprender e ensinar.

Pense nisso.

"VOCÊ NUNCA É VELHO
DEMAIS PARA SER JOVEM."

Branca de Neve

3

ATENDIMENTO É DIFERENTE DE TRATAMENTO

MAS PODE SER A MESMA COISA

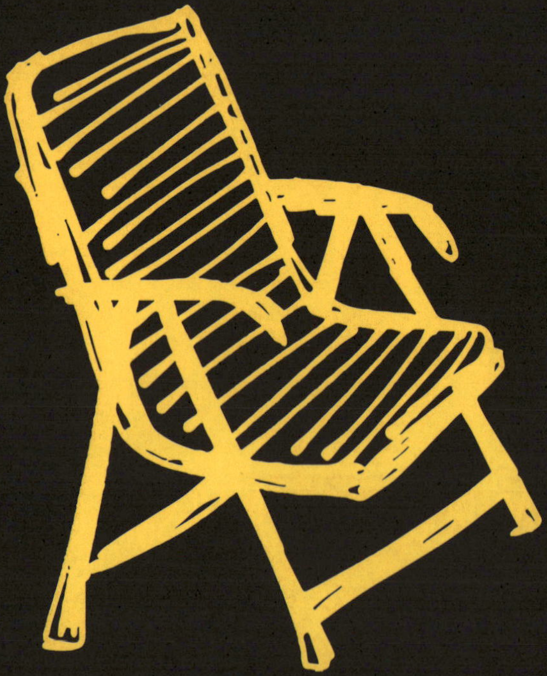

SE FOI BEM ATENDIDO,
DIGA AOS OUTROS;
SE FOI MAL ATENDIDO,
DIGA PARA A GENTE.

SER *BEM* ATENDIDO

- ATENDER ÀS MINHAS NECESSIDADES
- E AS MINHAS EXPECTATIVAS, TAMBÉM CONTAM?
- TODA VEZ QUE ATENDO A UMA EXPECTATIVA SURGE OUTRA, O CICLO NUNCA ACABA.

ATENDIMENTO É: ENTENDER E ENTREGAR AS NECESSIDADES PRIMÁRIAS DOS CLIENTES.

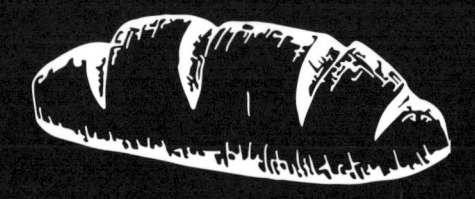

Tratamento é:

ENTENDER (MUITAS VEZES *ENXERGAR*) AS EXPECTATIVAS DOS CLIENTES, SUAS NECESSIDADES SECUNDÁRIAS.

TAMBÉM SÃO AS AÇÕES E MOVIMENTOS DE SIMPATIA, EMPATIA, ALEGRIA, ACOLHIMENTO, DEMONSTRAÇÕES DE *QUERER FAZER*.

"ENTENDER OS HÁBITOS, USOS E COSTUMES."

Vamos adotar, aqui entre nós, que atender significa também entregar alguma coisa. Vejamos alguns exemplos:

Uma fábrica de tintas entrega tintas.

Uma fábrica de lubrificantes entrega óleo.

Uma fábrica de automóveis entrega carros.

Uma empresa de logística entrega "entregas".

Uma padaria entrega pães.

Uma oficina mecânica entrega .... Opa! Entrega o quê?

Sim! Entrega o carro *consertado*! Só vamos a uma oficina mecânica se o nosso carro está quebrado, ou queremos ter a certeza de que ele não irá quebrar – quando fazemos direito a manutenção preventiva... Então, minha *necessidade* é ter o carro consertado. Ou até melhor: quero que meu carro esteja funcionando, e não um "serviço mecânico".

Ok, é claro que, para deixar o carro funcionando, é necessário o conserto, mas isso é o processo que o mecânico tem que cumprir para *entregar* (atender!) a minha necessidade. Percebeu a diferença?

Vamos avançar:

UMA FÁBRICA DE TINTAS FABRICA TINTAS.

↓

MAS O CLIENTE NÃO QUER TINTAS.

→

O CLIENTE QUER A PAREDE AMARELA!

↑

O CLIENTE NÃO PRECISA DE TINTA PARA DEIXAR A PAREDE AMARELA!

Ele pode, por exemplo, adesivar ou colocar um papel de parede.

Se a fábrica de tintas não *enxergar* isso,
ela provavelmente vai ter um grande problema.

E esse exemplo vale também para a loja que vende tintas,
para o pintor...

Para atender, é preciso também (e muito!) *entender*. Entender tudo o que está presente na mente – e igualmente aquilo que não está – dos clientes. Podemos chamar este processo de entender as necessidades e expectativas dos clientes.

Vamos ao exemplo da tinta. O cliente quer a parede amarela. Se será com tinta, adesivo ou papel de parede, pouco importa em um primeiro momento. O desejo, a vontade, ou mesmo a necessidade é ter a cor amarela em sua parede.

Pode ser por gosto ou necessidade – uma recepção de um escritório, por exemplo. O cliente irá, então, buscar alternativas (soluções) para esta sua necessidade. Desse modo, sua necessidade primária é a parede amarela.

Hoje, está mais fácil pesquisar quem pode *atender* a essas necessidades e expectativas: existe a internet. Mas mesmo a rede tem de saber identificar, ou melhor, precisamos saber pesquisar ou como utilizar melhor o Google.

Mas não é só na internet que buscamos ideias ou referências. Pode ser com colegas, com uma revista, em uma viagem, de várias formas, e há um ponto fundamental. Com a disponibilidade dos *smartphones* e suas câmeras maravilhosas, é possível registrar e compartilhar muita coisa. Surge, a partir daí, outra fonte de referências: as redes sociais.

À medida que o cliente vai pesquisando, suas necessidades vão se concretizando em termos de produtos e serviços. Ele já fica como que decidido sobre o que quer. Em alguns casos, de tanto pesquisar e estudar a respeito do assunto, torna-se "quase" um especialista.

Mas ainda estamos no campo das informações. Quando o cliente parte "pra valer" em busca do seu produto ou serviço, geralmente já tem uma ideia definida daquilo que precisa. Eu disse *geralmente*... é claro que existem situações em que ainda não definiu o que quer ou o que deseja.

Na hora em que esse cliente tem o primeiro contato com a empresa que o atenderá – e aqui precisamos incluir também o atendimento digital – é que começa a definição do nível de satisfação de suas necessidades: se ficará satisfeito (e talvez até compre, utilize o serviço) ou insatisfeito.

Imagine um cliente precisando de uma geladeira nova. Atualmente existem várias maneiras de ele conseguir isso: ir até uma loja, comprar no site do fabricante, no portal de alguma loja do varejo ou através de televendas.

Observe esta tabela:

PRECISO DE UMA GELADEIRA NOVA	
Necessidades primárias (muitas vezes nem pensei nisso)	Necessidades secundárias (muitas vezes só penso nisso)
Um produto que retire o calor dos alimentos, conservando-os por mais tempo ou os tornando mais apropriados para o consumo (uma cerveja gelada, por exemplo)	Tamanho, sistema de descongelamento, cor, consumo, gavetas, compartimentos especiais (para gelar a cerveja)

O engenheiro que projeta uma geladeira pensa nas necessidades primárias. A geladeira é, antes de tudo, um produto que mantém resfriado o que estiver ali dentro. Todo o seu mecanismo e funcionamento são pensados para isso. E só existem fabricantes de geladeiras porque existem pessoas que precisam dela ou daquilo que elas fazem.

Mas você conhece alguém que entra em uma loja e pede isso para o vendedor?

Se nós, clientes, precisamos que alguma "coisa" fique refrigerada, então precisamos de uma geladeira. Note como isso tem a ver (e muito) com nossos hábitos, usos e costumes. O mundo moderno pressupõe que todas as casas precisam de uma geladeira, pois nossos hábitos de consumo indicam que utilizamos alimentos por mais tempo (margarina e queijos, por exemplo), que gostamos e apreciamos algumas bebidas geladas (cerveja!).

São esses hábitos, usos e costumes que irão definir qual será a sua geladeira mais adequada – além, é claro, de algumas questões técnicas, como tensão e tamanho. Mas quantos vendedores você conhece (ou que já o atenderam) que identificam claramente quais são seus hábitos, usos e costumes?

Quanto mais o fabricante da geladeira *identificar, conhecer, estudar, perceber, enxergar*, as necessidades secundárias (gostos, desejos, hábitos, usos e costumes), mais próximo estará de satisfazer os seus clientes. Você já percebeu que "quase" todas as geladeiras são parecidas? E como é difícil escolher uma geladeira hoje em dia?

Nós clientes temos a necessidade da geladeira em casa e, para que isso aconteça, muitas vezes passamos por uma "jornada de compra":

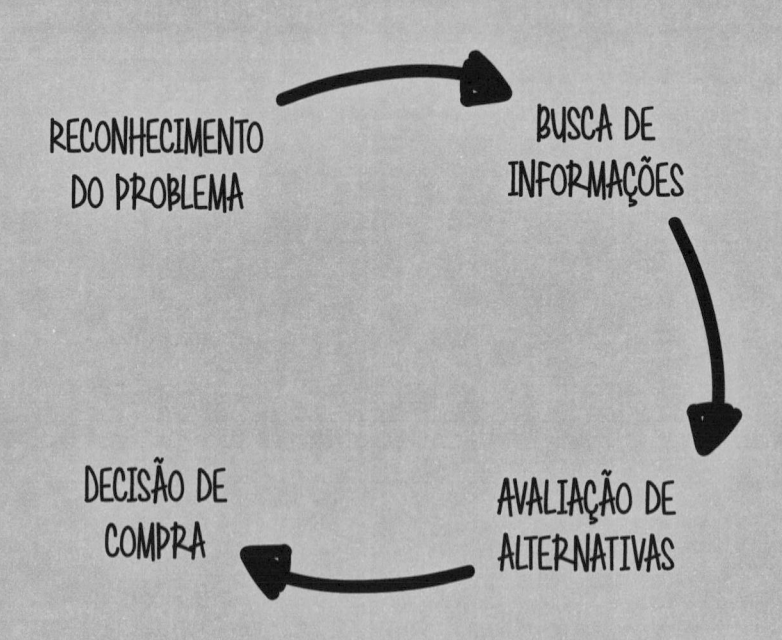

RECONHECIMENTO DO PROBLEMA → BUSCA DE INFORMAÇÕES → AVALIAÇÃO DE ALTERNATIVAS → DECISÃO DE COMPRA

Nesta jornada de compra, note que podemos ou não ficar só com o *fabricante*. Isso significa também incluir internet, amigos, influenciadores, vendedores, promotores, entregadores, instaladores, vizinhos... tudo para que a tão sonhada geladeira nova chegue em casa e gele a minha (sua) cerveja.

Durante toda essa jornada, acontecem momentos de atendimento – alguns chamam também de "momentos da verdade" – e surgem necessidades e expectativas diferentes. Entre eles, podemos citar como exemplos prazo de entrega, forma de pagamento, instalação, diferença de cor relacionada a outros produtos da cozinha, além de características que perceberemos depois de a geladeira ser instalada, como ruído, performance e outras questões do dia a dia que só saberemos após algum tempo de uso.

Tudo isso impacta na satisfação. Isso vale para tudo (ou quase tudo) que consumimos, compramos, utilizamos:

- **Produtos e serviços;**
- **Bens duráveis e não duráveis;**
- **Alimentos e automóveis;**
- **Hospitais e agências de turismo;**
- **Bancos e farmácias;**
- **Empresas de fornecimento de energia e *buffet* infantil;**
- **Shopping centers e clínicas veterinárias.**

Lembrando que estamos falando das empresas e de como sobrevivem, evoluem e prosperam. Todos nós temos necessidades a todo momento, e elas estão em constante mudança. As empresas só existem porque alguém precisa de alguma coisa.

> ATENDIMENTO E TRATAMENTO SÃO DUAS COISAS DIFERENTES.

ATENDIMENTO E TRATAMENTO SÃO FUNDAMENTAIS PARA FAZER UM CLIENTE (OU ALGUÉM) FELIZ.

"EM MOMENTOS RUINS E BONS, EU NUNCA PERDI MEU SENSO DE ENTUSIASMO PELA VIDA."

Walt Disney

4

RESULTADO!

PROCESSOS E PESSOAS; PESSOAS E PROCESSOS

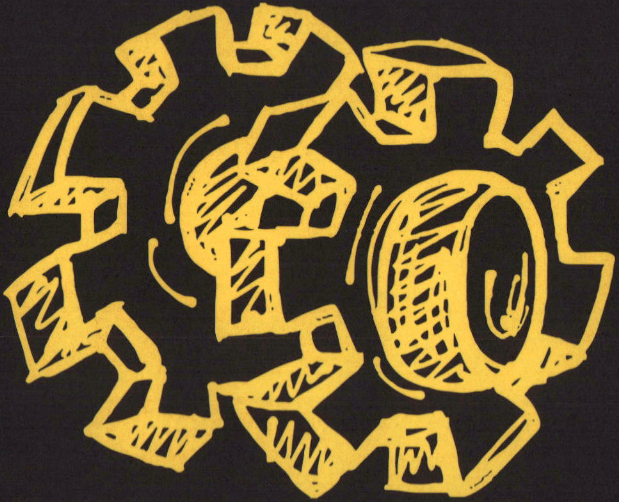

PROCESSOS + PESSOAS = RESULTADOS

↓ ↑

COMPORTAMENTO   MODO DE PROCEDER E/OU AGIR

↓

CONJUNTO DE ATITUDES →

FAZENDO GIRAR

PARA ATENDER BEM, PRECISO DE BONS PROCESSOS.

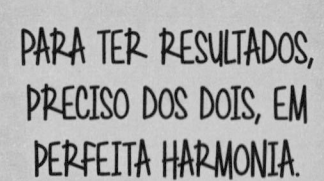

PARA CRIAR E IMPLANTAR OS PROCESSOS, PRECISO DE PESSOAS.

PARA TER RESULTADOS, PRECISO DOS DOIS, EM PERFEITA HARMONIA.

Imagine que você está com fome e passa em frente a uma grande rede de *fast-food*. Decide entrar e se dirige à fila. É hora do almoço, então o lugar está relativamente cheio. Poucos minutos depois, chega a sua vez e você pede para a atendente o seu número, com o lanche de sempre: hambúrguer, batata frita, refrigerante. Ela anota todo o seu pedido no sistema do computador, que segue imediatamente para a equipe de montagem na cozinha.

Ali, todos os ingredientes já estão pré-preparados, possibilitando que o trabalho dos funcionários seja apenas empilhar os ingredientes dentro do pão. Com uma senha em mãos, você vai para outro balcão, em outra fila, onde outra funcionária está a postos apenas para pegar os pedidos que estão na estufa e entregá-los para os clientes. Muito provavelmente, em menos de dez minutos (ou menos ainda), você já estará na mesa devorando seu lanche – que tem o mesmo gosto do sanduíche que você comeu cinco, dez, quinze anos atrás. Não tem surpresas e é exatamente isso que você quer ao comer em um *fast-food*.

Em uma corriqueira ida a uma lanchonete, dá para perceber a **quantidade de processos** – ou *etapas*, para evitar o "corporativês" –, em total sincronia, que foram necessários para que você pudesse se deliciar com um simples Big Mac? É praticamente o balé do *fast-food*! Hoje, como já estamos acostumados a esse tipo de atendimento, este *modus operandi* pode parecer óbvio.

Mas não é.

Na década de 1940, quando os irmãos norte-americanos Richard e Maurice McDonald criaram o conceito de serviço rápido e de linha de produção na montagem de hambúrgueres para sua lanchonete em San Bernardino, na Califórnia, eles não poderiam prever o tipo de revolução que estavam iniciando. A lógica era simples: se conseguissem criar um fluxo de trabalho em que cada pessoa tivesse uma função bem definida, seria possível diminuir o custo da produção, baixar o preço final, atrair mais clientela, vender mais e, claro, aumentar o lucro.

O conhecimento deles sobre o negócio era tão grande que, para poder aplicar os processos que imaginaram, buscaram soluções criativas. Entre outras inovações, eles adaptaram toda a cozinha e os equipamentos para tornar o ritmo da produção mais dinâmico – desenvolveram, por exemplo, um aplicador especial para colocar a porção exata de *ketchup* e mostarda nos hambúrgueres, evitando desperdícios e estipulando um padrão milimétrico.

Com esses novos processos, a dupla se destacou da concorrência, oferecendo um serviço em tempo recorde e com um preço muito mais competitivo. Foi uma metodologia tão eficaz que se transformou na regra de todo o segmento e o "molde" para os concorrentes que viriam depois, como o Burger King, o Taco Bells, entre tantos outros restaurantes de *fast-food*.

No fim das contas, os irmãos McDonalds acabaram perdendo um dos maiores negócios da história para o ex-parceiro comercial, Ray Kroc, o grande responsável por fazer da rede o império que conhecemos hoje (mas isso não vem ao caso para a gente).[11] Não, não acho que o McDonald's possua o sistema operacional mais perfeito do mundo e nem foram eles que inventaram o conceito de implantar um conjunto de etapas padronizadas para dar andamento ao fluxo de trabalho. O que quero demonstrar com esta descrição detalhada é o **poder dos processos para o sucesso (ou fracasso) do funcionamento de uma empresa**. São esses vários passos – que devem ser concebidos de forma personalizada para cada negócio e cumpridas com maestria – que vão garantir que o consumidor saia satisfeito dali.

No caso do McDonald's, por exemplo, basta alguém desta cadeia falhar – a atendente trocar o Big Mac por um Quarterão com Queijo ou a batata frita chegar fria – para "quebrar o encanto" do cliente com aquela experiência. Afinal, quem entra em uma unidade da rede espera encontrar muito mais do que hambúrgueres: ele deseja rapidez, exatidão e padrão.

---

[11] Conheça mais sobre a história do McDonald´s no filme *Fome de poder*, de 2017, com Michael Keaton no papel de Ray Kroc

Vale reforçar também que a relevância dos processos não se resume apenas no contato com o público final. Eles estão presentes em todas as áreas do negócio: seja na ordem lógica (ou não) em como o estoquista vai organizar os produtos no estoque, na maneira como o vendedor aborda o consumidor na loja ou no horário em que a faxineira precisa entrar no escritório para limpar a sala de reuniões antes de os gerentes chegarem. Sabe aquela música que diz "detalhes tão pequenos... são coisas muito grandes para esquecer" – então, o Rei Roberto está certíssimo!

Desculpe a sinceridade, mas o problema que vejo em vários lugares é que, **muitos dos processos essenciais ao negócio são estúpidos**.

NÃO FUNCIONAM. ZERO UTILIDADE.

Tudo isso acontece por uma simples razão: as empresas definem seus processos e métodos pensando apenas nelas, não no cliente.

PROCESSO ESTÚPIDO = RESULTADO ESTÚPIDO!.

Vicente Falconi, um dos maiores especialistas em gestão de empresas do Brasil, foi cirúrgico no conceito que trouxe em seu livro *TQC – Controle da Qualidade Total* (no estilo japonês). Para ele, "o grande objetivo das organizações humanas [empresas, igrejas, partidos políticos, família etc.] é atender às necessidades do ser humano na sua luta pela sobrevivência na terra".

TÃO ÓBVIO E TÃO SÁBIO AO MESMO TEMPO.

Pois, se o propósito das empresas não for atender às necessidades do seu público, por que mesmo existiriam? Se elas não estiverem mais cumprindo o seu papel, como podem sobreviver?

A italiana Olivetti, por exemplo, virou peça de museu em um mundo em que ninguém mais precisa de máquinas de escrever. E a gigante norte-americana Kodak? A maior empresa de fotografia que já existiu hoje não é nem uma sombra do que já foi, por ter julgado que o público iria precisar de rolos de filmes fotográficos para sempre...

Enquanto em reuniões chatíssimas de equipe os presidentes e CEOs gostam de ficar falando blá-blá-blá sobre as missões e os valores da empresa, o pensamento mais importante que todos os funcionários devem ter incutido em suas mentes e a resposta na ponta de suas línguas é: QUAL É A ESSÊNCIA DO NOSSO NEGÓCIO?

Pode parecer uma pergunta fácil de responder, mas você saberia me definir, de bate-pronto e em poucas palavras, qual é a essência do negócio com que você trabalha? A essência é tudo aquilo de mais básico, mais central, a mais importante característica de algo. Qual é a essência do McDonald's? Não, não é fazer hambúrguer. Ele nasceu para suprir uma demanda das pessoas em ter comida rápida por um preço baixo. Enquanto a rede existir, não há molho especial que possa substituir este seu principal atributo.

Porque, a partir do momento em que o negócio não corresponder mais à expectativa do seu público, bem, das duas, uma: ou ele virou outro negócio – talvez até para acompanhar as novas necessidades da sociedade, que mudam constantemente –, ou simplesmente morreu.

Começou a fazer sentido para você? Agora, prepare-se, porque tudo vai passar a se encaixar!

A **definição da essência** da empresa, de forma clara e cristalina, é de extrema importância, pois ela servirá como **guia na hora de determinar quais devem ser os processos** a serem aplicados – que também podemos chamar de métodos.

E sabe qual é a origem da palavra método? Ela vem da palavra grega *methodos*, formada por *metá*, que significa "por meio de", "através de", e *hodos*, "caminho". Na tradução literal do grego, quer dizer algo como o "caminho para se chegar a um fim".[12]

Portanto, a **ESSÊNCIA** do seu negócio ajudará você a determinar quais serão os **PROCESSOS/MÉTODOS**, ou seja, os caminhos que o levarão a **atender às NECESSIDADES do seu cliente** que, por consequência, são a **razão de existir da sua EMPRESA**. Bingo!

Agora, veja bem, quando uma empresa institui um processo estúpido, seria como criar uma situação mais ou menos assim: você precisa sair de São Paulo e ir até o Rio de Janeiro de carro, certo? Cumprindo todo o *checklist* de uma genuína *roadtrip*, você checou a água, o óleo, os pneus. Abasteceu o veículo no posto de gasolina. Comprou até balinhas, lanches e água para não precisar parar pelo caminho. Pôs o cinto de segurança e partiu.

Na hora de cair na estrada, você segue pela Rodovia Fernão Dias. Você anda, anda, anda até que percebe que... nunca vai chegar ao Rio de Janeiro, simplesmente porque a Fernão Dias leva você para Belo Horizonte! A cada dez minutos que você dirige, fica vinte mais longe do seu objetivo final. Quando estiver em BH e perceber seu erro, dá até para retraçar a rota e seguir para o Rio – mas pense só no quanto de combustível e horas que você perdeu com este desvio imbecil. Ou, ainda, você pode ficar perdido para sempre em Minas Gerais e nunca mais achar o rumo para o Rio.

---

[12] Fonte: Gramática.net.br – Etimologia de "método"

No universo corporativo é exatamente a mesma coisa: a escolha do caminho é fundamental para o negócio ser bem-sucedido. E para escolher esse caminho, como você já sabe, deve-se sempre ter em vista a essência daquilo que você faz. Mas, e quando, mesmo com os processos corretos, a coisa degringola?

> **O ELO PERDIDO: AS PESSOAS.**

Na teoria, tudo é lindo e cartesiano. Você montou uma empresa, desenvolveu um negócio, tem um produto, tem um serviço. Pensou em cada detalhe dos processos que implantará. Agora é só começar a atender as pessoas, certo? Só tem um pequeno problema: na hora de atender meu cliente, dependo de... pessoas.

Aqueles indivíduos que são verdadeiras caixinhas de surpresas e que você nunca sabe como irão agir e reagir. Não importa se a empresa lida direto com o consumidor final ou se é *business-to-business* (B2B): na minha linha de frente, sempre vou precisar de vendedores, gerentes, secretárias, atendentes, porteiros, recepcionistas.

São essas pessoas que vão dar "bom dia" ao (meu) público, explicarão detalhadamente o (meu) produto, tornarão a experiência da pessoa no (meu) estabelecimento mais agradável e assim por diante. Bem, você entendeu.

Mas e se a secretária brigou com o namorado? E se o vendedor acordou com dor de barriga? E se o Palmeiras perdeu e o porteiro está fulo da vida?
Enfim, são seres humanos com seus problemas da vida, como qualquer outro. Mas meu cliente – e meu negócio – não podem *pagar o pato* por isso. E aí é que está: muitas vezes, as empresas não percebem (ou não admitem) que estão nas mãos dos seus funcionários – e, depois que a m#$@% aconteceu, não adianta ficar terceirizando culpas por aí.

Costumo brincar que, se encontrasse com o americano Philip Kotler, considerado o pai do marketing, avisaria a ele que ficou faltando incluir mais um "P" no famoso conceito dos quatro "Ps": além de *produto, preço, praça e promoção*, não dá para deixar de fora o "P" de pessoas. As pessoas são fundamentais ao negócio. Lembra? Atender é servir, e só existo como empresa se atender às necessidades do cliente.

A gente pode até ficar ofendido com a falta de educação da secretária que não deu "bom dia" ao atender ao telefone ou querer sair correndo de perto de um vendedor com mau hálito.

Nossa tendência é criticar o indivíduo e pensar "nossa, que absurdo, são coisas tão simples, por que não fazem direito?". Mas, conforme fui realizando treinamentos para funcionários do Brasil inteiro e dos mais variados ramos de atuação, se houve algo que percebi ao longo dessa experiência é que, na maioria dos casos, as pessoas não fazem o que deve ser feito simplesmente porque não sabem.

Ninguém em sã consciência quer errar para tomar bronca do chefe ou escutar cliente irritado berrando com elas. Pelo contrário, elas até querem dar o seu melhor. Só que a pessoa precisa saber e entender o que ela tem de fazer ali – exato, simples assim! Não dá para partir do pressuposto que o funcionário saiba tudo o que esperamos deles e corresponda 100% à nossa expectativa espontaneamente. Dependendo do cargo e do nível sociocultural, muitas vezes, vai ser preciso, além das atribuições do trabalho em si, explicar coisas básicas, como ser gentil ou manter a higiene pessoal. Você não pode cobrar aquilo que não foi pedido.

Não tem segredo: pessoas bem preparadas vão trazer resultados melhores, garantindo, assim, o funcionamento do negócio, sem precisar ter alguém a toda hora pegando no seu pé. O grau de preparação deste funcionário sempre vai depender, sobretudo, de dois fatores: a educação formal e o treinamento.

Educação formal você pode "comprar" com o salário, contratando indivíduos que tenham a formação que você deseja: níveis técnico e universitário, MBA, ensino médio etc.

E O TREINAMENTO?

Bom, aí entramos, finalmente, na minha especialidade: o treinamento. Diante de tudo isso exposto, fica fácil concluir que o treinamento é uma área estratégica dentro de qualquer empresa. Trata-se de uma oportunidade única de *moldar* o funcionário exatamente para a função que você necessita que ele desempenhe, dando a oportunidade, inclusive, para que ele faça o seu melhor no trabalho. Vamos combinar: é um jogo em que os dois lados saem ganhando.

Essa é a minha bandeira – a revolução do treinamento. Não adianta nada fazer lindas campanhas publicitárias ou montar uma loja megaluxuosa se internamente você não tiver pessoas aptas a entregar um produto ou atendimento de excelência para o seu cliente. Neste momento, gostaria muito que você, que é dono de empresa, refletisse sobre isto: "O que estou fazendo para levar capacitação aos meus funcionários? Ou estou apenas cobrando (e esperando) números, sem ter previamente fornecido a instrução correta?".

Mas, antes de tudo, para qualquer treinamento ser bem-sucedido, o que precisa ser feito em primeiro lugar? Ter claramente definidos quais são os PROCESSOS da empresa; quais os RESULTADOS que o treinamento deseja atingir e, principalmente, qual é o perfil dos ORIENTANDOS.

Uma coisa está intrinsicamente ligada à outra. Pode até parecer óbvio, mas, no afã do "fazer alguma coisa" ou do "precisamos tomar medidas", não é incomum, em meu dia a dia, ouvir pedidos de clientes que me procuram para montar treinamentos para suas equipes, sem ter a menor noção da importância de cada peça desse quebra-cabeça.

Portanto, voltamos à primeira parte deste capítulo: processos bem elaborados, baseados na essência do negócio, são o primeiro passo para o sucesso da empresa. Porém, sozinhos – e sem a comunicação correta – eles são como uma placa abandonada no meio do deserto. É preciso transmitir essas orientações de maneira clara e objetiva para os seus funcionários, por meio de capacitação. Eles precisam ser treinados para os resultados desejados – até mesmo para, no futuro, poderem ser cobrados por isso.

Pronto, lição aprendida com processos bem pensados e reestruturados? Ótimo.

Eu só não contei um detalhe importante para você: mesmo aplicando os processos corretos, nem sempre os seus funcionários serão capazes de desempenhá-los bem. E agora? O que fazer? Isso é o que vamos discutir no próximo capítulo.

"SEJA GENTIL E
TENHA CORAGEM."

Cinderela

5

AÇÃO

NOSSAS 24 HORAS DE AÇÃO!

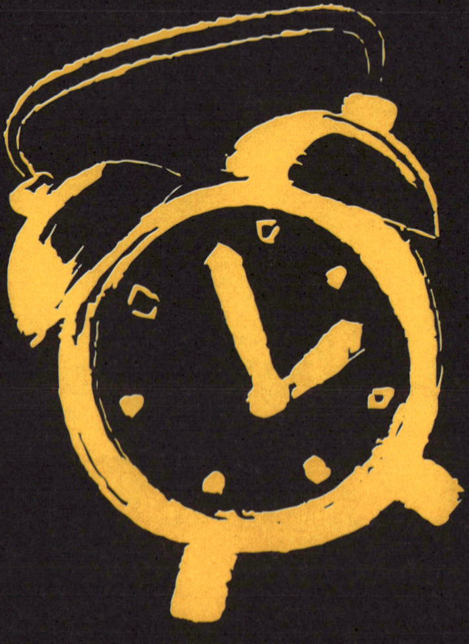

SEM PRESSÃO NÃO HÁ AÇÃO.
SEM AÇÃO NÃO HÁ RESULTADO.

AÇÃO

EVIDÊNCIA DE UMA FORÇA, DE UM AGENTE ETC.; O SEU EFEITO. DISPOSIÇÃO PARA AGIR; ATIVIDADE, ENERGIA, MOVIMENTO.[1]

PARA MIM:
EXECUTAR UMA TAREFA, MODO DE AGIR, PROCEDER.

---

[1] Fonte: Dicionário Oxford Languages On-line

POR QUE AÇÃO?

PASSAMOS 24 HORAS POR DIA EXECUTANDO AÇÕES

DAS MAIS SIMPLES ATÉ AS MAIS COMPLEXAS

ATÉ MESMO QUANDO NÃO ESTAMOS FAZENDO NADA.

PRECISAMOS DE RESULTADOS

FAZEMOS ALGUMA COISA A TODO MOMENTO.

SEMPRE QUEREMOS ALGUM RESULTADO COM ESSAS COISAS QUE FAZEMOS.

ENTÃO, PRECISAMOS SABER FAZER ESSAS COISAS CORRETAMENTE.

ESTAMOS FALANDO DE NEGÓCIOS

AS EMPRESAS TAMBÉM SÃO MOVIDAS POR AÇÕES.

AS EMPRESAS QUEREM (E PRECISAM!) DE RESULTADOS COM ESSAS AÇÕES QUE FAZEMOS.

ENTÃO, PRECISAMOS SABER FAZER ESSAS COISAS (AÇÕES!) CORRETAMENTE.

PARA TER AÇÃO É PRECISO SABER FAZER

E NÃO FALO SÓ SOBRE CONHECIMENTO...

CONHECIMENTO NÃO GARANTE A EXECUÇÃO.

ESFORÇO NÃO GARANTE O RESULTADO.

PRECISAMOS TRANSFORMAR O CONHECIMENTO EM AÇÃO!

Parece óbvio e simples. Mas, como fazer?

Primeiro: é simples e óbvio mesmo. Segundo: dá trabalho, e muito. Precisa-se de investimento e técnica – como qualquer outro processo – de engenharia, tecnologia, informática, marketing, finanças ou contabilidade. Tudo se resume a processo e pessoas. Mesmo em se tratando de máquinas, há a pessoa que criou, programou e faz a manutenção. Não tem como escapar disso.

Processo é uma palavra com origem no latim *procedere*, que significa "método, sistema, maneira de agir ou conjunto de medidas tomadas para atingir algum objetivo"[2].

Muitos dos processos são definidos e raramente precisam ser modificados, alterados, corrigidos. Alguns deles precisam constantemente ser monitorados, acompanhados e revistos.

Pessoas *criam* os processos. Pessoas executam os processos. Vamos ver alguns exemplos:

Vejamos a sinalização de trânsito. O ser humano evoluiu e inventou o carro. E para fazer o carro andar, inventou as ruas – ou ao contrário? Tudo bem, isso não vem ao caso do nosso exemplo. Temos ruas e temos carros. Imagine a confusão se não houvesse sinais e regras para o trânsito!

---

[2] Fonte: Significados.com

O que são os sinais? As regras? São os processos. Alguém analisou, pensou e criou maneiras de as pessoas (às vezes muitas pessoas) e seus carros circularem de forma simultânea, ordenada e pacífica (se bem que, às vezes, nem tanto).

Para que tudo isso dê **resultado** – os carros andarem e as pessoas chegarem aos seus destinos, sem acidentes – são necessários os **processos** e as **pessoas**, em total harmonia.

É preciso ação.

Para *colocar* o carro em movimento, estão envolvidas muitas ações. E não estou falando de *produzir* um carro; vamos partir do pressuposto de que ele já existe e está na sua garagem. Para colocá-lo em movimento é preciso saber fazer.

Vamos nos concentrar só na tarefa de dirigir. Para alguns, isso até que é fácil, simples; para outros é algo praticamente impossível de se fazer. Não basta só ter o conhecimento.

CONHECIMENTO NÃO GARANTE A EXECUÇÃO!

É preciso transformar o *conhecimento* em ação. E não é só *saber dirigir*, é preciso conhecer e praticar as regras de trânsito, respeitar a sinalização. Como conseguimos (ou deveríamos conseguir) realizar tudo isso? Aprendendo e praticando. Por isso existem as *autoescolas*!

Para conseguir ação, é preciso ter processos e pessoas. Quase sempre. A ação é uma *tarefa a ser executada*.

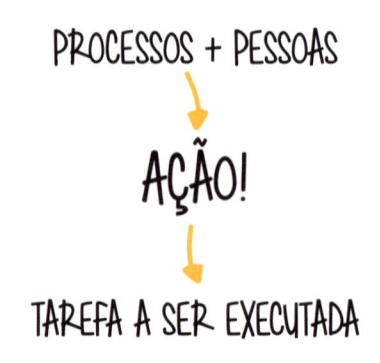

PROCESSOS + PESSOAS
↓
AÇÃO!
↓
TAREFA A SER EXECUTADA

Dificilmente alguém vai realizar alguma coisa sem o processo; seria uma tentativa de se fazer algo que nunca foi feito. Para tudo tem um jeito, desde as coisas mais simples até as mais complexas: amarrar um sapato, subir uma escada, ligar a TV, lavar uma louça, esquentar um prato no micro-ondas, dirigir, dançar, respirar...

Todas as ações que executamos tiveram sua primeira vez. Ou as fizemos "por instinto" – como respirar – ou tentamos ou aprendemos a fazer. Às vezes, alguém nos ensinou a fazê-la.

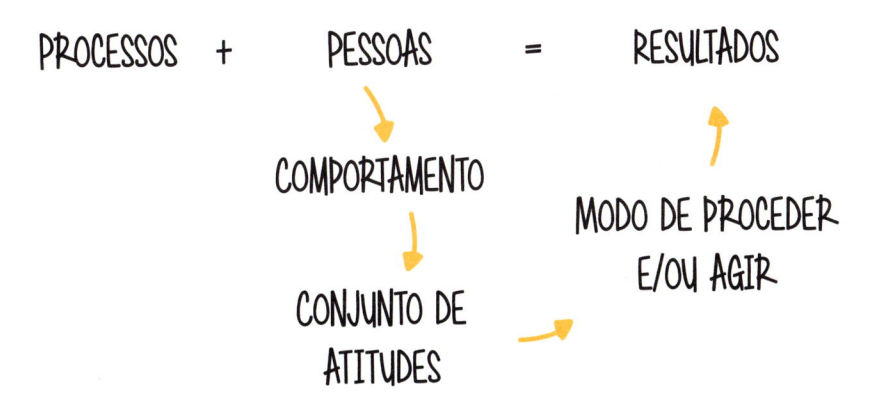

PROCESSOS + PESSOAS = RESULTADOS

PESSOAS → COMPORTAMENTO → CONJUNTO DE ATITUDES → MODO DE PROCEDER E/OU AGIR → RESULTADOS

Fomos treinados. Podemos chamar o treinamento de educação, aprendizagem, socialização, conjunto de ensinamentos, descoberta. Podemos chamá-lo de várias maneiras. O fato é que, para se realizar uma tarefa, uma ação, e ter resultado positivo com isso, é preciso *saber fazer*.

TREINAMENTO

Ensinar ou aprender determinada AÇÃO ou prática.

O treinamento ensina a fazer e como fazer. Mas é preciso pôr em prática. O resultado vem com a ação, com o resultado daquilo que fazemos.

É preciso *querer fazer*. O *querer fazer* tem a ver com propósito, essência, com o significado que damos ao que fazemos e com o sentido que temos para viver. Alguns chamam isso de *motivação*.

MOTIVAÇÃO ➞ MOTIVOS PARA A AÇÃO

Isso não se cria, não dá para comprar. Isso se tem, descobre-se. Não é o que faz você acordar cedo todos os dias, é o que motiva você a programar o despertador antes de dormir.

Querer fazer tem a ver com o que você faz no mundo, o que faz para você mesmo, para as pessoas que conhece e para quem você não conhece. É acreditar que dá, que é possível fazer.

É acreditar que podemos fazer melhor, que vale a pena. Quando descobri isso, que posso ajudar a melhorar a vida das pessoas e das empresas com ações de treinamento, descobri um propósito, uma razão de programar o despertador: **motivos para ação**.

Tem muita coisa surpreendente e inspiradora neste mundo. Acredito nisso. Acredito nas pessoas. Acredito que, se alguém não faz algo ou não faz de forma correta, é porque não sabe, ou simplesmente não quer fazer. Se não quer fazer é porque ainda não descobriu um sentido ou um propósito naquilo que faz.

Assim como as empresas – que só existem para atender às necessidades e expectativas dos clientes –, as pessoas deveriam ser assim também: existir para viver umas com as outras, viver bem, em paz e com alegria.

Para isso, é preciso de pessoas com **AÇÃO!**

"O RISO É ETERNO,
A IMAGINAÇÃO NÃO TEM IDADE,
OS SONHOS SÃO PARA SEMPRE."

Walt Disney

6
CURVA DE APRENDIZAGEM

A PRÁTICA LEVA À PERFEIÇÃO

INFORMAR NÃO É TREINAR.

SÓ NÃO PODE SER CHATO

TREINAR MUITAS VEZES PARECE MECÂNICO?

→ REALIZAR TAREFAS DE MODO REPETITIVO FAZ PARTE DO NOSSO DIA A DIA.

→ ENTÃO, SIM, PODEMOS APRENDER TAREFAS E ROTINAS DE MANEIRA MECÂNICA.

Este capítulo tem a intenção de demonstrar conceitos de forma não acadêmica, ou seja, muito baseado em experiências e trabalhos realizados ao longo da minha carreira como instrutor, treinador, e "criador de coisas" de treinamento.

Muitas vezes – e são muitas vezes mesmo – quando precisava desenvolver uma aula, um curso ou um treinamento, recorria a um recurso muito simples: perguntava para as pessoas que iriam ser treinadas como gostariam de aprender. Apresentava as tarefas que deveriam executar, qual o resultado que precisariam "entregar" e "ouvia" delas como deveria ser o treinamento. É gratificante fazer isso: envolver as pessoas neste processo.

É claro que, em algumas situações, as pessoas tinham dificuldades em me ajudar. Porém, sempre aparecia uma ideia ou um obstáculo que eu deveria evitar. Aprendi isso quando era instrutor técnico de um grande fabricante de eletrodomésticos. Treinava profissionais de assistência técnica para consertar geladeiras, fogões, máquinas de lavar roupas.

Você só chama um técnico para ir até a sua casa porque o produto quebrou ou parou de funcionar (a menos que você queira fazer uma manutenção preventiva, que são raras aqui no nosso país). Você vê que o produto não funciona – no caso de um fogão, por exemplo. Quando o técnico chega em sua casa para consertar (ele geralmente vai sozinho), só tem duas alternativas: conserta ou não. Para fazê-lo, ele precisa saber consertar, simples assim.

Então, aprendi, como instrutor técnico, que nós não treinamos e sim fazemos com que as pessoas aprendam. Parece a mesma coisa, mas não é. Muitas vezes, o treinamento é mecânico (sem trocadilhos!). É ensinar a consertar. "Se acontecer isso, faça isso"; "se acontecer aquilo, faça aquilo". É como que uma "receita de bolo".

Aliás, fazer um bolo é um exemplo muito bom para explicarmos treinamento. Para fazer um bolo, basta seguir as instruções da receita e pronto! Hum... mais ou menos isso...

Vamos observar a receita a seguir:

BOLO SIMPLES E FOFO

Ingredientes
3 ovos
2 xícaras de chá de açúcar
1 xícara de chá de óleo
1 xícara de chá de leite
(temperatura ambiente)
3 xícaras de chá de farinha
de trigo
1 colher de sopa de fermento
químico em pó

Modo de Preparo
Reúna todos os ingredientes;
Em um recipiente, coloque os ovos, o açúcar, o óleo e bata com um *fouet* até ficar homogêneo;
Adicione o leite e, gradualmente, a farinha, e vá misturando até agregar tudo;
Acrescente o fermento e misture apenas para incorporar;
Transfira para uma fôrma untada, enfarinhada e leve ao forno preaquecido a 180ºC por cerca de 35 a 40 minutos, ou quando você espetar um palito e ele sair seco;
Deixe amornar, desenforme e sirva.
Bom apetite!

Simples não? Para alguns pode ser, mas para outros pode se tornar uma experiência traumática!

Tudo o que fazemos é em função de algum resultado, certo? No caso do bolo, queremos fazer uma sobremesa para comer, servir para alguém, vender... e para que tudo isso dê um bom resultado, precisamos que o bolo "dê certo", ou seja, fique de acordo com padrões estabelecidos. Muitas vezes, esses padrões já são preestabelecidos pelos hábitos de uso e costumes. No nosso caso em questão, podemos definir como "fofinho e saboroso".

Mas, se for uma empresa que vende bolos, esse padrão não é tão simples assim. Especificações técnicas devem ser cumpridas, como altura, peso, textura, rugosidades, saliências, depressões... Isso sem falar no processo de fabricação e todos os outros detalhes envolvidos.

Para analisar esse exemplo, precisamos voltar à nossa receita. Muito provavelmente, no caso da empresa que fabrica os bolos, existe uma folha de processos mais detalhada e com mais especificações que as do nosso caderno de receitas.

Imagine uma pessoa que nunca fez um bolo ou que nunca se atreveu a cozinhar qualquer coisa. Pode ser uma criança ou um adulto, não importa, aqui estamos falando de conhecimento. Tente listar as dificuldades que ela terá em executar as tarefas de fazer um bolo.

BOLO SIMPLES E FOFO

Ingredientes
3 ovos
2 ~~xícaras de chá~~ de açúcar
1 xícara de chá de óleo
1 xícara de chá de leite
(~~temperatura ambiente~~)
3 xícaras de chá de farinha de trigo
1 ~~colher de sopa~~ de ~~fermento químico~~ em pó

Modo de Preparo
~~Reúna todos os~~ ingredientes;
~~Em um recipiente~~, coloque os ovos, o açúcar, o óleo e bata com um ~~fouet~~ até ficar ~~homogêneo;~~
Adicione o leite e, ~~gradualmente~~, a farinha, e vá misturando até ~~agregar~~ tudo;
Acrescente o fermento e misture ~~apenas~~ para ~~incorporar;~~
~~Transfira~~ para uma ~~fôrma untada~~, ~~enfarinhada~~ e leve ao forno ~~preaquecido a~~ 180ºC por cerca de 35 a 40 minutos, ou quando você ~~espetar um palito~~ e ele sair seco;
Deixe ~~amornar~~, ~~desenforme~~ e sirva.
Bom apetite!

Vamos lá, imagine as dúvidas:
- ✔ Xícara de chá?
- ✔ Temperatura ambiente?
- ✔ Fermento químico?
- ✔ É para reunir todos? E depois separar de novo?
- ✔ *Fouet*??????
- ✔ Homogêneo?
- ✔ Gradualmente a farinha?
- ✔ Agregar?
- ✔ Apenas para incorporar?
- ✔ Fôrma untada?

- ✔ Enfarinhada?
- ✔ Forno preaquecido?
- ✔ Espetar um palito? Que palito? Espetar onde?
- ✔ Como ele sai seco?
- ✔ Deixe amornar??? Desenforme?

Como resolver todas essas coisas? Ligar para a vovó? Pesquisar no Google? Pode ser que resolva, mas vou reforçar: conhecimento não garante a execução! Não basta só saber *o que fazer*, é preciso *saber fazer*!

No caso da fábrica de bolos, provavelmente a folha de instruções é diferente do que uma simples receita. Pode até ser que se utilize de equipamentos programados para fazer a massa, assar, embalar etc. Nesse caso, então, o conhecimento é sobre a operação de máquinas e equipamentos, não necessariamente domínio em culinária e gastronomia.

Mas o resultado que queremos não é o mesmo? Quero dizer, ter um bolo fofinho, e saboroso para um café da manhã ou um lanche da tarde? Sim, o resultado é o mesmo!

Note que nas duas situações uma coisa se repete: processos e pessoas; pessoas e processos. Sempre assim.

A diferença está nos processos e em como os executamos. Enquanto na fábrica operamos máquinas, em casa colocamos a "mão na massa", e aí o treinamento também é diferente.

Agora, vou polemizar:

PARA FAZER UM BOLO EM CASA, NÃO PRECISO CONHECER NADA DE CULINÁRIA OU GASTRONOMIA, MUITO MENOS SE EU FOR UM OPERÁRIO OU OPERÁRIA DE UMA FÁBRICA DE BOLOS.

Preciso simplesmente:

> **TER UM BOM PROCESSO E SABER EXECUTAR CORRETAMENTE AS TAREFAS!**

Existe um livro fantástico sobre treinamento e aprendi muito com ele. Chama-se *Informar não é treinamento*, de Harold D. Stolovitch e Erica J. Keeps. Eles afirmam que:

"Treinamento... instrução... formação... aprendizado. Essas são palavras que geralmente utilizamos de modo intercambiável. Todavia, quando as analisamos, descobrimos que elas, em si, transmitem um significado único. Individualmente ou combinadas, essas quatro atividades nos oferecem energia para consolidar diferentes tipos de aptidões e conhecimentos."

Se treinarmos – o termo geral habitualmente utilizado no contexto de trabalho para todas as três séries de atividades – não simplesmente transmitimos informações. Mudamos as pessoas. Transformamos nossos orientandos sob aspectos desejáveis, tanto para eles, como para nossas organizações.

Não li este livro no início da minha carreira, mas há uns dez anos atrás. Fiquei feliz e ao mesmo tempo orgulhoso, pois percebi uma identificação muito grande entre as falas de Harold e Erica e naquilo em que acredito. Além disso, já havia colocado em prática várias vezes as ideias deles.

Baseado nesses conceitos desenhei uma tabela:

TREINAMENTO	É ensinar a executar uma tarefa corretamente, somente a tarefa, simples assim. Resultado a curto prazo, imediato. Indicado para tarefas padronizadas e repetitivas.
INSTRUÇÃO	É contextualizar um pouco mais. É ensinar a executar as tarefas e resolver algumas situações mais complexas.
FORMAÇÃO	A formação exige mais tempo. É fruto da experiência, não só dos conhecimentos adquiridos, como da vida. É fruto da aplicação contínua dos conhecimentos e análise dos seus resultados. É a prática durante anos.
APRENDIZADO	É o resultado disso tudo. Aprendemos sempre.

É possível imaginar uma visualização gráfica, como uma curva da aprendizagem:

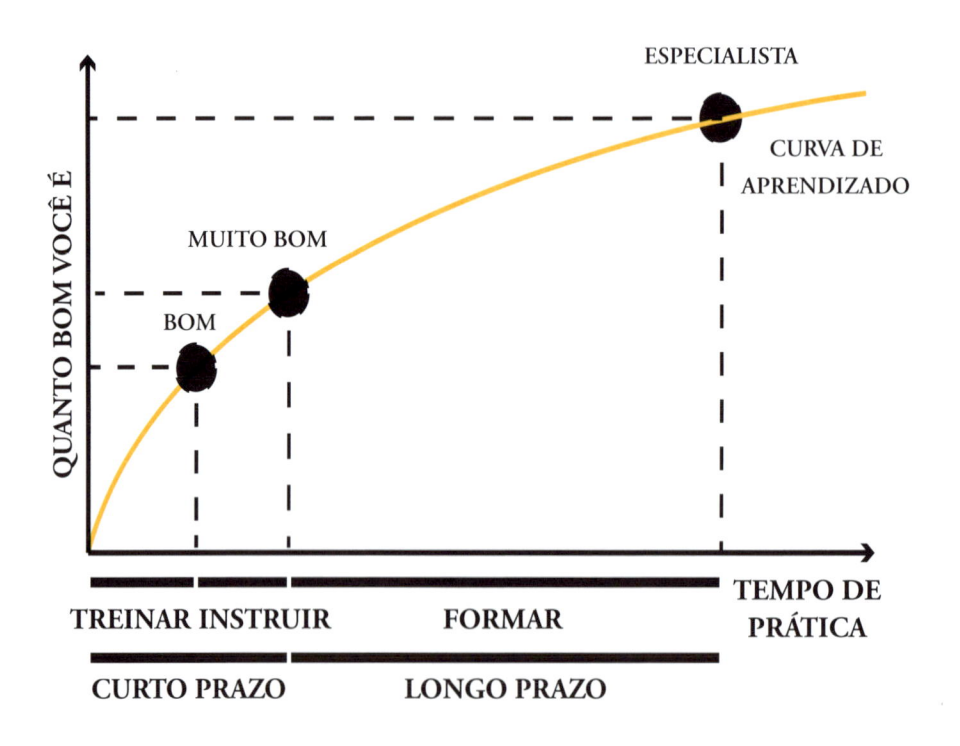

Em vista disso tudo, acredito que:

1. NÃO PRECISAMOS SER ESPECIALISTAS EM TUDO.
2. ALGUMAS TAREFAS NOS DEMANDAM APENAS SABER EXECUTÁ-LAS, E CORRETAMENTE.
3. FORMAÇÃO DEMORA; TREINAMENTO É NO CURTO PRAZO.
4. MUITOS DOS PROBLEMAS PODEM SER RESOLVIDOS "APENAS" COM TREINAMENTOS.
5. É PRECISO MUITA FORMAÇÃO PARA PRODUZIR BONS TREINAMENTOS – IDENTIFICAR AS REAIS NECESSIDADES E COMO TREINÁ-LAS.
6. TREINAR É UM EXERCÍCIO DE HUMILDADE.
7. NÃO PODEMOS "ACHAR" QUE AS PESSOAS CONHECEM TUDO (*FOUET?*)
8. CONHECER TUDO SOBRE BICICLETAS É DIFERENTE DE SABER ANDAR DE BICICLETA.
9. O CONHECIMENTO NÃO GARANTE A EXECUÇÃO; A PRÁTICA CONSTANTE ME TORNA UM ESPECIALISTA.
10. TODOS PODEMOS APRENDER, QUALQUER COISA.

"EM CADA TRABALHO QUE DEVE SER FEITO, HÁ UM ELEMENTO DE DIVERSÃO."

Mary Poppins

7
COMUNICAR O QUE CONHEÇO

SIMPLES ASSIM

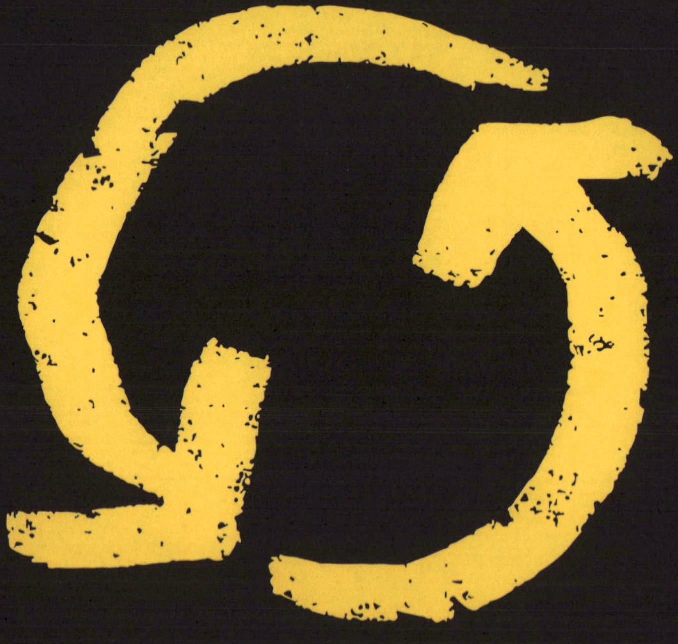

PARA TER RESULTADO EM
QUALQUER COISA QUE FAZEMOS,
É PRECISO AÇÃO,
É PRECISO MUITAS VEZES
EXECUTAR TAREFAS,
E CORRETAMENTE..

ALGUÉM SABE OU CONSEGUE EXECUTAR ESTA TAREFA!

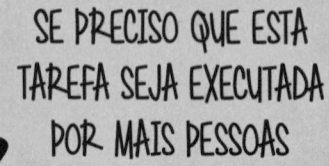

SE PRECISO QUE ESTA TAREFA SEJA EXECUTADA POR MAIS PESSOAS

PRECISO SABER COMUNICAR ESSE CONHECIMENTO DE FORMA CORRETA

A MENOS QUE ESTEJAMOS FALANDO DE ALGO QUE NUNCA ACONTECEU..

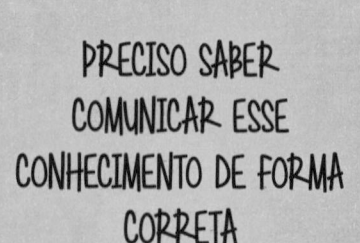

TORNAR COMUM

Comunicação é uma palavra derivada do latim *communicare*, que significa tornar comum, partilhar, compartilhar, trocar opiniões, associar, conferenciar.

COMUM A AÇÃO

Por meio da comunicação, nós os seres humanos, e até os animais, compartilhamos diferentes informações entre nós, tornando o ato de comunicar uma atividade essencial para a vida em sociedade.

Desde o princípio dos tempos, sempre nos comunicamos. A comunicação foi muito importante para o nosso desenvolvimento, foi uma ferramenta de integração, instrução, de troca mútua e crescimento. Ela pode ser escrita, falada ou feita por meio de gestos.

O processo de comunicação consiste na transmissão de informações entre um emissor e um receptor que descodifica (interpreta) uma determinada mensagem.

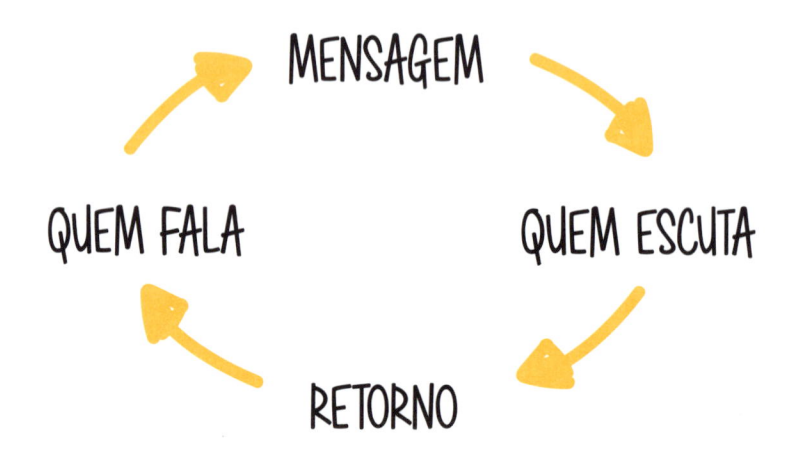

MENSAGEM → QUEM ESCUTA → RETORNO → QUEM FALA → MENSAGEM

Dessa maneira, defino:

TREINAMENTO É A COMUNICAÇÃO DO CONHECIMENTO.

Essa definição é a mais importante que tenho comigo. Vamos analisar.

Para um processo de comunicação completo, precisamos de quatro elementos: *emissor, receptor, mensagem e retorno*.

Emissor é aquele que emite, quem fala. **Receptor** é aquele que recebe, que ouve. Quem fala, fala alguma coisa: a **mensagem**. E, para um processo completo, precisa acontecer o **retorno**, o *feedback*.

Se não temos o retorno, não temos interação; se não temos interação, não temos o processo completo de comunicação e, sim, um processo de "informação" apenas. Portanto, podemos afirmar que:

> **INFORMAR NÃO É COMUNICAR.**

Unindo as duas definições, de que treinar é comunicar o conhecimento e que informar não é comunicar, podemos enfim definir que:

> **INFORMAR NÃO É TREINAR!**

Se não existe interação, não existe comunicação, não existe treinamento! É preciso garantir que a comunicação foi *entendida*, compreendida, aceita, aprendida. Por isso, muitos treinamentos "não dão certo": acredito que a pessoa entendeu o que eu queria que ela fizesse e, quando fui verificar, ela não o fez.

E por quê? Porque ela não *aprendeu* a fazer! De uma vez por todas, ponha uma coisa em sua cabeça, só existem duas razões para as pessoas não fazerem o que precisa ser feito:

Ou elas *não sabem* ou elas *não querem* fazer.

Para fazer isso dar certo, observe o esquema abaixo.

Se treinar é a:

COMUNICAÇÃO DO CONHECIMENTO

→ CONHECIMENTO É O **CONTEÚDO** → COMUNICAÇÃO É A **APLICAÇÃO**

Quando treino, treino alguém; logo, estamos falando de pessoas, do *público* a ser treinado.

Para se ter uma AÇÃO de treinamento, então é preciso destes 3 elementos (não necessariamente nesta ordem):

CONTEÚDO + APLICAÇÃO + PÚBLICO

Chamo isso de CAP:

Conteúdo	**C**	O que deve ser feito, executado; como dever ser executada a ação; qual a técnica, o método.
Aplicação	**A**	Como será feito o treinamento; onde será realizado (presencial, à distância); quais as ferramentas e recursos serão necessários para o entendimento e aprendizagem.
Público	**P**	Quem são as pessoas que serão treinadas. Qual é o seu CHA (Conhecimento / Habilidade / Atitude)?

> **LEMBRANDO:**
> **SÓ EXISTE UMA RAZÃO PARA SE FAZER TREINAMENTO: RESULTADO!**

Se considero que:

Resultado = Processo + Pessoas

E só fazemos treinamento porque queremos resultado, então, o resultado do treinamento será:

EXECUTAR A AÇÃO QUE PRECISA SER EXECUTADA, E CORRETAMENTE.

Conclusão: se queremos resultados e esse resultado depende de pessoas, precisamos garantir que as pessoas saibam executar a **AÇÃO** de forma correta. Só conheço um jeito disso tudo acontecer de forma precisa e adequada:

TREINAMENTO

SIMPLES ASSIM!

"CONTRATE UM SORRISO, UMA ATITUDE; DEPOIS, ENSINE AS TÉCNICAS."

Walt Disney

4 IDEIAS EM QUE ACREDITO

PODE SER FÁCIL

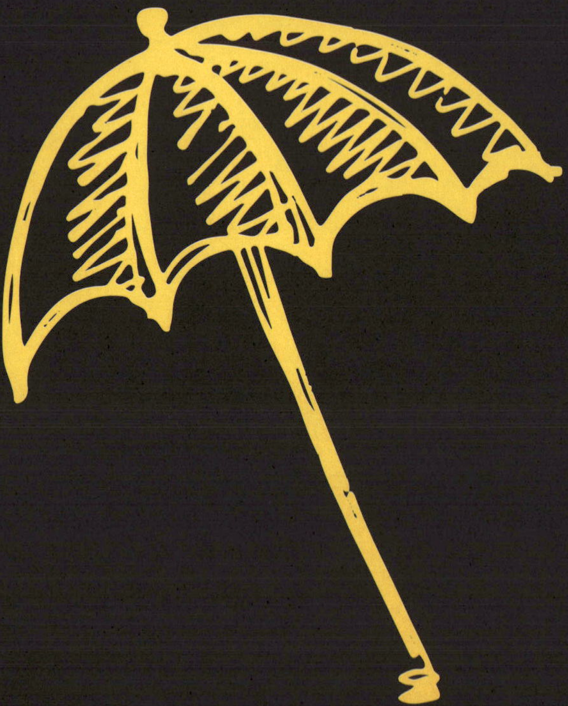

NÃO TREINO, FAÇO COM QUE
AS PESSOAS APRENDAM.
PARECE A MESMA COISA,
MAS NÃO É.

APRENDER E REAPRENDER

APRENDER TEM A VER COM ENSINAR.

APRENDER E ENSINAR TÊM A VER COM TREINAR.

O ÚNICO PROPÓSITO PARA O TREINAMENTO É POSSIBILITAR QUE AS PESSOAS APRENDAM.

Só existe uma razão para fazer treinamentos nas empresas: resultado!

Ao longo da minha carreira, atendi muitos clientes. Posso afirmar que a grande maioria deles não consegue me responder qual o resultado que esperam de um treinamento. O resultado do treinamento é diferente do resultado da ação, porém, é o caminho no qual queremos que a ação aconteça. Vou reforçar:

RESULTADO = PROCESSOS + PESSOAS

A ação é fruto dessa operação. Ela só acontece (ou deveria acontecer) para atender à necessidade de uma outra pessoa, cliente (pode ser interno, externo ou simplesmente atender alguém).

Se vamos treinar e ensinar alguém a lavar louça, é porque o resultado que queremos é a louça limpa. Então, o foco do treinamento é ensinar como se lava a louça, utilizando o processo e os recursos disponíveis que temos para isso. Não caia na tentação de explicar sobre a história da louça, como o detergente atua na remoção da sujeira... mantenha o foco na execução, nas instruções!

NÓS APRENDEMOS APENAS UMA COISA POR VEZ. ENTÃO, DEVEMOS ENSINAR UMA COISA DE CADA VEZ.

R

resultado

Executar a ação desejada.

Só existe uma única razão para fazer treinamentos nas empresas: resultado!

1

1 coisa por vez

Ciência da Aprendizagem

Nós aprendemos apenas uma coisa por vez. Então, devemos ensinar uma coisa de cada vez.

S

simples

Treinamento pode e deve ser simples.

Não é fazer resumo, é treinar o que precisa ser treinado; ensinar a executar a ação, só isso.

D

divertido

Treinamento pode e deve ser divertido.

Divertido no sentido de ser alegre, gostoso. Aprender não pode ser uma coisa chata.

Isso não significa que não podemos aprender várias coisas, inclusive simultaneamente. Mas é sempre uma de cada vez. Pense como uma sequência lógica.

É importante apresentar sempre o resultado que queremos alcançar. Reforço de novo: visualizar o resultado da ação e o porquê, então devemos aprender a executar tais tarefas. O resultado é a louça limpa – podemos inclusive dizer o porquê disso, ou seja, que dificilmente alguém gostaria de comer ou usar uma louça que não esteja limpa.

Por que fazer assim? Isto é ciência! Em 1970, Malcolm Knowles, educador de adultos norte-americano, definiu que Andragogia é a arte ou ciência de orientar adultos a aprender. Um dos princípios dessa disciplina é a necessidade de saber – adultos precisam saber por que devem aprender algo e qual ganho terão no processo, isto é: "O que ganho com isso"?

"Andragogia é a arte de causar o entendimento."[3]

Franklin Wave

TREINAMENTO PODE E DEVE SER DIVERTIDO.

Psicólogos afirmam que lazer e diversão são essenciais para a saúde do corpo e da mente. Muitos, inclusive, já apontaram que a diversão e o prazer na rotina são elementos fundamentais contra a depressão.

---
[3] Fonte: Wikipedia

Trabalhar pode ser cansativo, mas é necessário. Ganhar o "pão de cada dia" é, em muitas situações, estressante até. Imagine então trabalhar sem saber direito o que se deve fazer e muito menos o resultado que se espera do seu trabalho.

Quando falo em "divertido", não me refiro a "bem-humorado" (não que não possa ser também!), mas sim a prazeroso, alegre, que efetivamente contribua para transformar as rotinas em algo motivador. Se o ato de aprender é uma mudança, que seja divertida!

Esta frase de Walt Disney representa muito o que estou dizendo:

"PREFIRO DIVERTIR AS PESSOAS NA ESPERANÇA QUE APRENDAM DO QUE ENSINÁ-LAS NA ESPERANÇA DE QUE SE DIVIRTAM."

"A MAIOR PARTE DA MINHA VIDA FIZ O QUE DEVERIA FAZER. EU ME DIVERTI NO TRABALHO."

Walt Disney

A JORNADA DO TREINAR

MUITO ALÉM DA SALA DE AULA

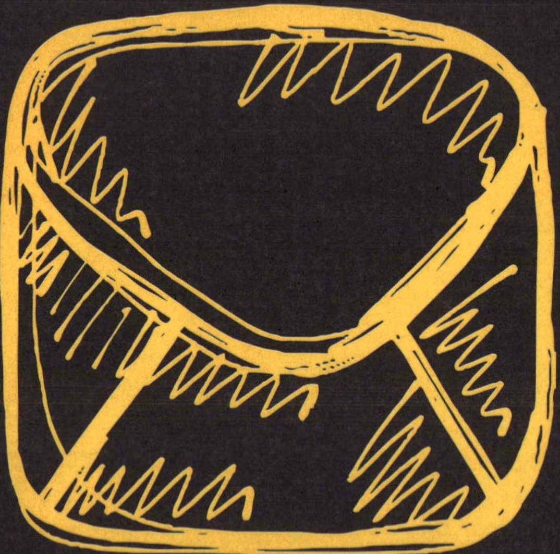

ENTENDER DE PESSOAS

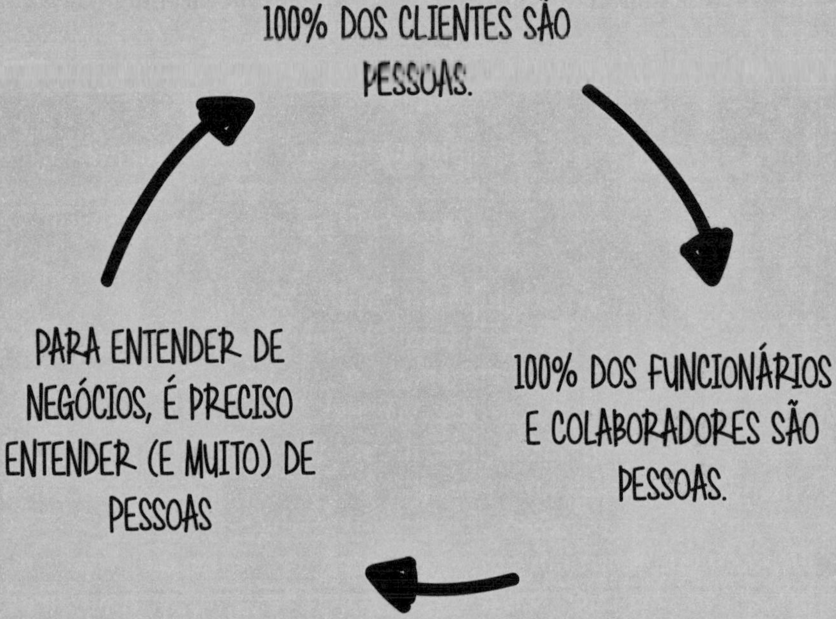

100% DOS CLIENTES SÃO PESSOAS.

100% DOS FUNCIONÁRIOS E COLABORADORES SÃO PESSOAS.

PARA ENTENDER DE NEGÓCIOS, É PRECISO ENTENDER (E MUITO) DE PESSOAS

[4] Adaptado da frase de Simon Sinek

TREINAMENTO E DESENVOLVIMENTO SÃO COISAS DIFERENTES.

Treinamento e desenvolvimento geralmente são utilizados em conjunto, principalmente para definir uma área ou um departamento nas empresas. O desenvolvimento é uma consequência das ações de treinamento. Quanto mais treino, mais especialista eu me torno.

Existe um conceito conhecido no mercado de que precisamos de aproximadamente 10 mil horas de prática para nos tornar um especialista. Isso equivale a 8 horas por dia, 5 dias por semana durante 5 anos.

Um jogador de futebol atinge sua "melhor forma" quando tem entre 24 e 26 anos. Por quê? Porque treinou, jogou, aprendeu durante cinco a seis anos de atuação como profissional. Isso não significa que um jogador não pode ser um fenômeno aos 18. Mas isso é raro... O mesmo vale para um tenista, um jogador de basquete, um médico, um advogado. A prática pode, sim, levar à perfeição, ou quase.

Depois que aprendemos e praticamos dezenas, centenas de vezes a mesma coisa, a mesma tarefa, passamos a executá-la de maneira automática, inconsciente e perfeita. Se hoje você dirige um automóvel, é porque um dia teve que aprender. Pode ter sido com as aulas na autoescola, com o pai, o irmão mais velho ou até mesmo sozinho.

Você se lembra como foi a primeira vez? Entra no carro, põe o cinto, regula os espelhos retrovisores, põe a chave, verifica se está em "ponto morto", dá a partida, pisa na embreagem, engata a primeira, solta o freio de mão, pisa no acelerador, vai soltando a embreagem devagar e... o carro "morre"! Que vergonha!

Aí, você vai pegando o jeito, "entende" o carro, "sente" a embreagem... e de repente já está dando voltas e mais voltas sem que o carro se engasgue ou aconteça qualquer outro problema. Quanto mais você dirige, mais automático fica.

Ah! Mas, de repente, surge um carro automático na garagem e você tem que saber dirigi-lo! Começa tudo de novo (ou quase tudo). Tem que reaprender algo que já fazia – dirigir um carro – porém, com algumas alterações e novas informações (um novo conteúdo!). E o que acontece depois de um tempo dirigindo um carro automático?

A AÇÃO ACONTECE DE FORMA AUTOMÁTICA, INCONSCIENTE E PERFEITA!

Sim, aprendemos, adaptamos novos conceitos e novas tarefas e passamos a executar de forma correta as novas ações. Podemos até chamar isso de desenvolvimento!

Depois de vários anos dirigindo diversos tipos de automóveis, é capaz de você se sentir apto para dirigir qualquer veículo, pois o princípio é o mesmo em todos, irá mudar uma coisa aqui, outra coisa ali, mas o princípio é o mesmo. Pergunte a um manobrista de estacionamento se depois de alguns anos ele tem algum receio ou dificuldade para dirigir qualquer carro.

Passamos a maior parte do nosso tempo executando tarefas e, para ter resultado nelas, precisamos saber executá-las, corretamente. Qualquer tarefa, qualquer ação, das mais simples às mais complexas requerem de nós saber fazer. Para isso é preciso aprender, sempre.

Você já deve ter utilizado o *Google* em algum momento. Considero-o mais que uma ferramenta de busca. Para mim, é um instrumento de aprendizagem. Você geralmente usa o *Google* quando não sabe de algo ou quer descobrir alguma coisa nova. Se já sabe ou conhece, não precisa do *Google*, não é mesmo?

Aprendemos sempre. Precisamos aprender porque queremos resultados nas tarefas e ações que executamos. Se não sabemos fazer, provavelmente não teremos bons resultados.

Por isso, meu foco é no treinar; na ação, na execução de tarefas com exatidão. Faça uma rápida análise de atendimentos que você teve nos últimos dias – vale a padaria, a farmácia, o posto de gasolina, a repartição pública, o supermercado, o hospital, o aeroporto... Com certeza o atendimento em alguns desses estabelecimentos não foi assim tão perfeito.

E por que não foi? Provavelmente, a pessoa que atendeu não sabia executar alguma coisa, como fornecer uma informação, entregar um produto ou serviço etc.

Treinamento e desenvolvimento. Ambos são processos de aprendizagem. Mas são diferentes e, na maioria das vezes, só o treinamento resolve, de verdade.

TREINAMENTO DE PESSOAS

- Resultados – Curto prazo
- Foco em aprimorar processos ou execução de tarefas;
- Ações de aperfeiçoamento pontual;
- Instruções colocadas em prática;
- Busca em melhorar as habilidades relacionadas ao desempenho imediato do cargo.

Não é que um seja melhor que o outro. Eles são diferentes e devem ser utilizados de acordo com as necessidades e recursos disponíveis no momento.

DESENVOLVIMENTO DE PESSOAS

- Resultados – Longo prazo
- Foco em aprimorar as competências (CHA);
- Ação de aperfeiçoamento contínuo;
- Exigência de tempo para incorporação e aprendizado das técnicas;
- Busca em melhorar as habilidades relacionadas ao desempenho imediato do cargo.

Em geral, foco nos cargos a serem ocupados futuramente e nas novas habilidades que serão requeridas.

Para garantir a execução das tarefas, desenvolvi um método, uma sequência, que chamei de **Método Ideale** (ideal, em italiano). São seis etapas:

1. PLANO
2. PRODUÇÃO
3. COMUNICAÇÃO
4. AÇÃO!
5. MONITORAMENTO
6. AVALIAÇÕES

1	2	3
PLANO	PRODUÇÃO	COMUNICAÇÃO
Quais os resultados esperados; identificação das necessidades e expectativas; quem são as pessoas que serão treinadas; definição dos recursos disponíveis; prazos; definição do método de aplicação.	Desenvolvimento e produção de todas as peças necessárias para as ações de comunicação e treinamento.	Comunicação e engajamento para o resultado desejado. Comunicar a ação de treinamento com instruções. Apresentar o papel e o impacto dessa ação e o que acontece se não a executar corretamente.

4	5	6
AÇÃO!	MONITORAMENTO	AVALIAÇÕES
Comunicação do conhecimento. É a etapa em que de fato acontece o treinamento!	Ação de monitoramento e acompanhamento da execução das ações desejadas. Verificar se as tarefas estão sendo executadas, e corretamente.	Só executamos algo porque alguém precisa. Fazemos isso alinhados com suas necessidades e expectativas. Precisamos saber, então, se estamos entregando tudo em ordem.

Do porteiro ao presidente: todos nós executamos tarefas, das mais simples às mais complexas. E as executamos porque precisamos dos resultados que elas proporcionam. Se não precisamos dos seus resultados, não precisamos das tarefas; logo, não precisamos que sejam executadas, simples assim.

Porém, se preciso dos seus resultados, preciso que as tarefas sejam executadas corretamente.

ISSO DÁ TRABALHO FAZER, E, ÀS VEZES, DÁ MUITO TRABALHO.

É preciso investimento: de tempo, de recursos, de estratégia. Muitas empresas não fazem isso, e, por esse motivo, morrem, acumulam prejuízos ou poderiam ter lucros maiores e, assim, investir mais na produção e, aí sim, no desenvolvimento das pessoas e, consequentemente, no desenvolvimento organizacional.

Quero acreditar que as pessoas não fazem as coisas certas apenas por dois motivos: ou porque não sabem, ou porque não querem. Até aí tudo bem, mas acreditar que uma empresa não quer entregar os produtos e serviços para atender às necessidades e expectativas dos seus clientes é pedir demais.

QUERER FAZER

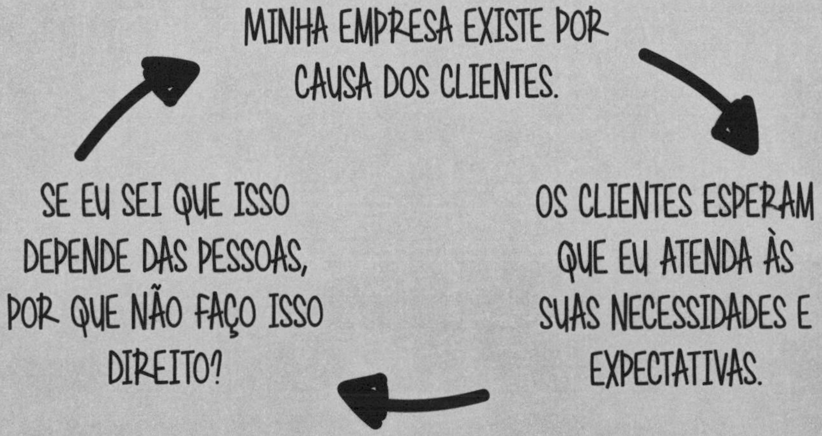

MINHA EMPRESA EXISTE POR CAUSA DOS CLIENTES.

OS CLIENTES ESPERAM QUE EU ATENDA ÀS SUAS NECESSIDADES E EXPECTATIVAS.

SE EU SEI QUE ISSO DEPENDE DAS PESSOAS, POR QUE NÃO FAÇO ISSO DIREITO?

"POSSO ENSINAR QUALQUER COISA A QUALQUER UM, MENOS A SORRIR."

Walt Disney

10

JUNTANDO TUDO ISSO

CRIANDO UM PLANO DE AÇÃO

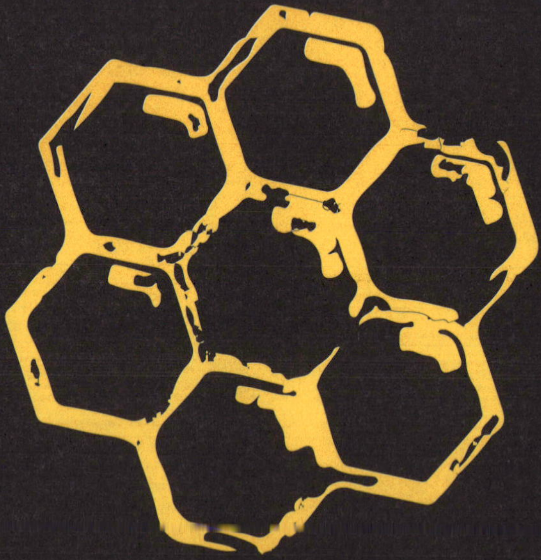

SÓ TERMINA QUEM COMEÇA.

NÃO TERMINA NUNCA!

- ENTENDER NECESSIDADES E ENXERGAR EXPECTATIVAS.
- CRIAR PRODUTOS E SERVIÇOS ESPETACULARES.
- DESENHAR PROCESSOS E ENCONTRAR AS PESSOAS CERTAS PARA EXECUTAR AS TAREFAS.
- ENSINAR E MOTIVAR AS PESSOAS PARA A EXECUÇÃO DAS TAREFAS.
- VERIFICAR SE O CLIENTE ESTÁ SATISFEITO!

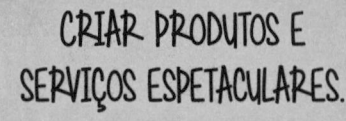

Acredito que, se você chegou até aqui, é porque o assunto é pertinente e você concorda comigo que a nossa vida, ou grande parte dela, se faz realizando, executando tarefas. E não basta só fazer por fazer; tudo o que fazemos é porque queremos um resultado, um resultado positivo; Senão, para que fazer uma tarefa? Porém, se preciso dos seus resultados, preciso que as tarefas sejam executadas corretamente.

Nem sempre as pessoas conseguem isso sozinhas, é preciso ajuda. Seja ela dos pais, dos irmãos, dos avós, professores ou amigos, é importante contar com essa ajuda na nossa vida e na tarefa de aprender. Mas, mesmo quem ensina, precisa saber fazer. E confesso que, às vezes, nem eles sabem como...

ISSO DÁ TRABALHO FAZER. ÀS VEZES, MUITO TRABALHO.

Só depois de muito tempo, descobri que não treinamos ninguém e, sim, fazemos com que as pessoas aprendam. Parece a mesma coisa, mas não é. Aliás, é muito diferente. É só se colocar no lugar de quem está aprendendo, entender suas competências atuais e o que precisa para "entregar" as novas tarefas.

Em seu livro *Informar não é treinamento*, Harold D. Stolovitch e Erica J. Keeps são brilhantes quando defendem o seguinte argumento: "Aprender não é fácil (especialmente quando outros tornam isso tão difícil). Há vários hábitos, mitos e princípios e atividades mal orientados – embora bem intencionados – no treinamento que criam obstáculos para que tenhamos um aprendizado efetivo."

Compartilho e muito desse pensamento. É preciso descartar, abandonar essas práticas e colocar em execução técnicas mais simples, ajudando os profissionais de ensino – professores, treinadores, instrutores, consultores, orientadores, multiplicadores – a serem mais efetivos na tarefa de ensinar e aprender.

Reforço aqui que a maioria das intenções é nobre. Quem ensina deseja que as pessoas saibam mais, que se desenvolvam, mas não podemos confundir que conhecimento garantirá que as tarefas sejam executadas. É preciso respeitar as pessoas e deixar para elas a decisão do desenvolvimento individual.

Apresentarei a seguir um fluxo único que representa tudo aquilo sobre o que tratamos neste livro. Para um melhor entendimento, dividi em partes, como uma sequência – vale como um Plano de Ação. No final, apresento-o integralmente.

TRANSFORMANDO O CONHECIMENTO EM AÇÃO

1. QUAL A AÇÃO DESEJADA?

Isso tem a ver com as necessidades e expectativas dos clientes ou de quem receberá o resultado da tarefa executada, da ação realizada. Não confundir com Resultado do Treinamento!

2. QUAIS OS PROCESSOS ENVOLVIDOS NA EXECUÇÃO?

Esta etapa está relacionada com as recursos e possibilidades disponíveis no momento da execução das tarefas. Quanto mais próximo o treinamento estiver da realidade da tarefa, mais eficiente será o aprendizado e, consequentemente, o resultado.

Aqui, muitas vezes, o treinamento se complica. Na "sala" de treinamento, dispomos de muitos recursos e possibilidades, mas é na hora de executar que o resultado acontece.

É por isso que a maioria dos treinamentos *on the job* – aqueles que acontecem diretamente no local onde a tarefa será executada – na prática, apresentam os melhores resultados, sempre.

Muitas vezes, deixamos a cargo do orientando, do aluno, a tarefa de "conversão". Sim, passamos a ele, despejamos sobre ele um acúmulo imenso de conteúdo e conhecimentos, e simplesmente esperamos que ele cumpra a tarefa.

Não seria mais simples e lógico que se mostrasse a ele a tarefa, a ação que deve ser executada e como fazê-la? Simples assim? É esta a etapa em que a maioria dos profissionais de ensino se complicam.

É fundamental entender o mundo real, que é de fato onde acontecerão as ações, e dispor das mesmas ferramentas, recursos e materiais disponíveis.

Não crie mundos imaginários ou situações do tipo: "Imagine como seria...". Quanto mais próximos do real, do palpável, melhor será o resultado.

Aqui vale um exemplo: para treinar uma equipe de astronautas, a NASA utiliza diversos tipos de simuladores, que são réplicas perfeitas dos foguetes ou equipamentos que os astronautas utilizarão nas missões oficiais.

Muitas vezes, o simulador é um recurso extremamente válido para o treinamento. Ele possui os mesmos recursos e dificuldades do ambiente real. Mas mesmos os melhores simuladores não garantem, por si, o resultado das ações, na prática.

3. QUEM EXECUTA OU DEVERÁ EXECUTAR AS TAREFAS, AÇÕES?

Lembra do CAP – Conteúdo, Aplicação e Público da página 131? Aqui estamos falando de conteúdo e de público, das pessoas que serão treinadas, e que depois serão as responsáveis pela execução das tarefas, das ações. Neste ponto, é preciso montar o CHA:

C	H	A
CONHECIMENTO	**HABILIDADE**	**ATITUDE**
O que fazer?	*Saber fazer?*	*Querer fazer?*

4. QUAIS AS MELHORES (OU POSSÍVEIS) MANEIRAS PARA SE COMUNICAR ESTE CONHECIMENTO?

Aqui também tem o CAP – Conteúdo, Aplicação e Público.

Agora falamos da aplicação, da comunicação do conhecimento, do treinamento propriamente dito e como será essa aplicação.

Nem sempre o melhor será o possível. Depende de muitos fatores e concordo que hoje em dia as dificuldades são muito grandes. Não dá para ignorar ou ficar se lamentando, é preciso encarar e transformar o que se tem em mãos na melhor maneira possível para se fazer as coisas. Fatores como verba, tempo, logística, prazo e recursos tecnológicos devem ser considerados antes de qualquer decisão. Reforço que todo tipo de aplicação gera aprendizado.

Basicamente, temos dois tipos de aplicação: presencial e à distância. Qualquer uma possui vantagens, desvantagens e benefícios. Não tem uma "melhor que a outra", e sim, qual a melhor e possível de se realizar. Hoje em dia, com os avanços da tecnologia, é possível criar muita coisa à distância, com resultados extremamente satisfatórios. Exemplos disso são os simuladores, as plataformas de ensino à distância, os vídeos etc.

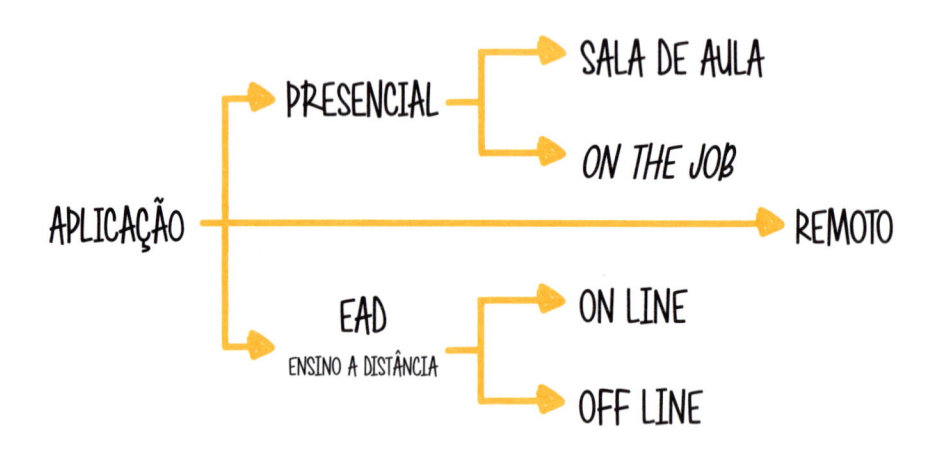

APLICAÇÃO
- PRESENCIAL
  - SALA DE AULA
  - ON THE JOB
- REMOTO
- EAD (ENSINO A DISTÂNCIA)
  - ON LINE
  - OFF LINE

5. AÇÃO!

Aqui é a hora da execução! É o momento em que as tarefas serão executadas!

Mas não acaba aqui. Tem mais um ponto muito importante. Aliás é a razão de tudo isso.

6. VERIFICAR SE OS CLIENTES ESTÃO SATISFEITOS!

Esta etapa significa verificar se a ação, a execução das tarefas está acontecendo e, principalmente, se ela está dando os resultados esperados. Aqui a ideia é simples: só fazemos algo, uma tarefa, uma ação porque é preciso, necessário. Senão, por que fazê-la?

Fazemos porque alguém tem necessidades e expectativas, e conseguimos identificar isso tudo e transformar em produtos e serviços. Então, a lógica aqui é verificar se tudo isso está acontecendo!

JUNTANDO TUDO ISSO:

Tem a ver com necessidades e expectativas dos clientes ← **1.** QUAL A AÇÃO DESEJADA?

Tem a ver com recursos e possibilidades ← **2.** QUAIS OS PROCESSOS ENVOLVIDOS NA EXECUÇÃO?

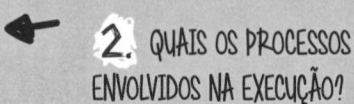

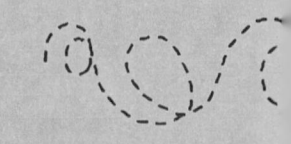

C H A ← **3.** QUEM EXECUTA OU DEVERÁ EXECUTAR AS TAREFAS, AÇÕES?

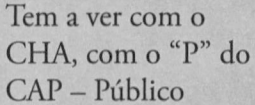

P — Tem a ver com o CHA, com o "P" do CAP – Público

4. QUAIS AS MELHORES (OU POSSÍVEIS) MANEIRAS PARA SE COMUNICAR ESTE CONHECIMENTO?

C — Tem a ver com o "C" do CAP – Conteúdo

A — Tem a ver com o "A" do CAP – Aplicação

7. RESULTADO DE TREINAMENTO

Se os clientes estão satisfeitos, se a tarefa está sendo executada corretamente. Então, posso afirmar que o treinamento deu certo!

6. VERIFICAR SE OS CLIENTES ESTÃO SATISFEITOS!

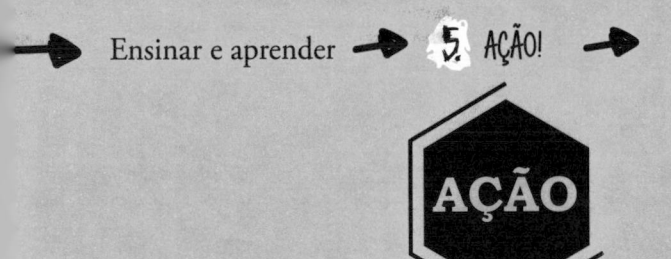

Ensinar e aprender → **5. AÇÃO!** → Aqui é a hora da ação! A hora em que as tarefas serão executadas!

AÇÃO

E POR QUE FAÇO TUDO ISSO?

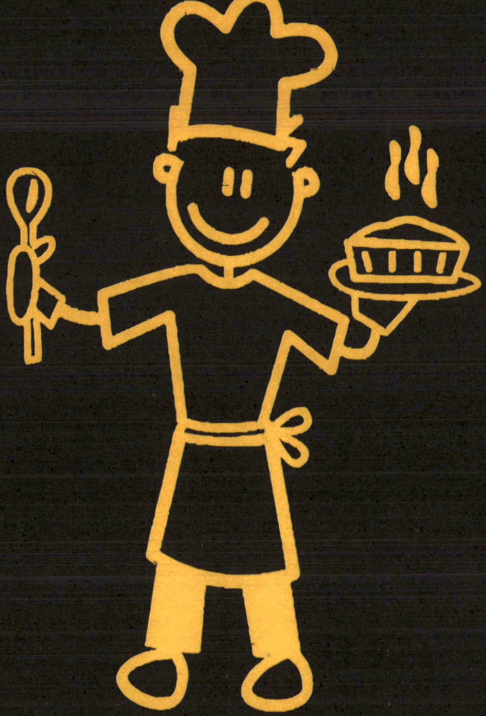

PORQUE ACREDITO
(E MUITO!) QUE..

...POSSO AJUDAR A MELHORAR A VIDA DAS PESSOAS E DAS EMPRESAS COM AÇÕES DE TREINAMENTO.

"VOCÊ PODE SONHAR, CRIAR, DESENHAR E CONSTRUIR O LUGAR MAIS MARAVILHOSO DO MUNDO. MAS É PRECISO TER PESSOAS PARA TRANSFORMAR SEU SONHO EM REALIDADE."

Walt Disney

11

POR QUE DISNEY?

MAGIA E GENIALIDADE

Adaptação do Esboço do Mickey Mouse, *Mickey Mouse Studio Model Sheet* (Walt Disney, 1937)

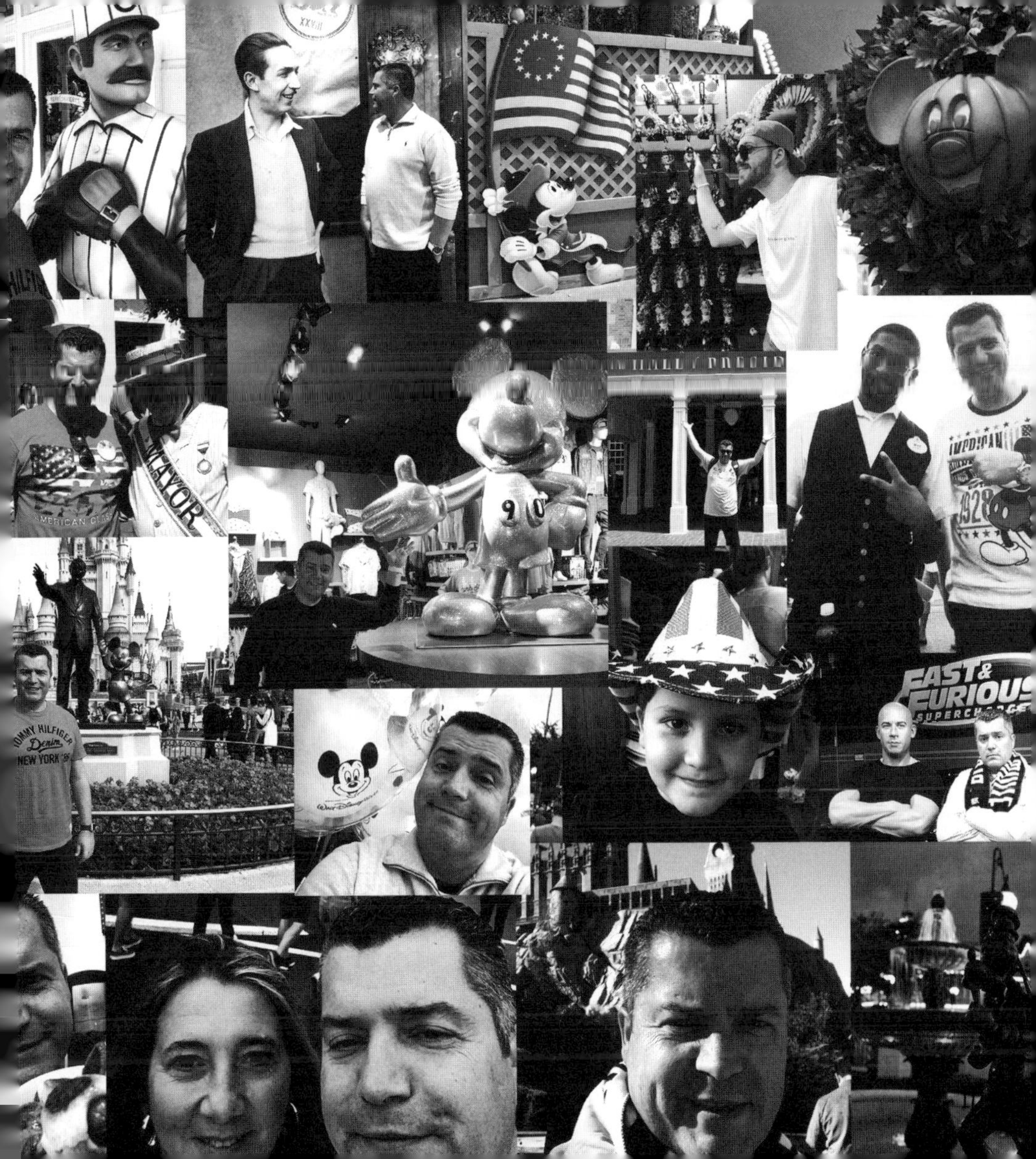
MAYOR
90
TOMMY HILFIGER
Denim
NEW YORK '86
1928
FAST&
FURIOUS

MAGIA E DIVERSÃO

FUI MUITAS VEZES AOS PARQUES DA DISNEY.

MUITAS PESSOAS ME PERGUNTAM: "O QUE A DISNEY TEM DE TÃO ESPECIAL?".

E RESPONDO: "NADA! A DISNEY SIMPLESMENTE FUNCIONA!"

Não foi à toa que escolhi dedicar este capítulo para falar de uma das coisas que mais admiro, tanto do ponto de vista profissional quanto sob o aspecto pessoal: a The Walt Disney Company.

Trago este exemplo para cá não (apenas) por ser fã do Mickey ou dos seus parques de diversão, mas porque a Disney representa e põe em prática tudo o que acredito ser o ideal (e essencial) para uma empresa. Sabe aquilo que você deseja ser quando crescer? Então, é mais ou menos isso o que sinto em relação à companhia!

A Disney, além de ser há muito tempo uma das marcas mais poderosas e queridas do planeta, é também referência e *case* absoluto quando se fala em atendimento ao cliente e em gestão de pessoas. Pesquisas mostram que os parques do grupo possuem uma taxa de retorno de 70% – ou seja, 70% dos visitantes que vão pela primeira vez retornam.[5] Existe melhor índice de cliente satisfeito do que este?

Quem já teve a oportunidade de visitar alguns dos parques temáticos da companhia sabe bem do que estou falando. A sensação, com o perdão do clichê, é a de estar realmente entrando em um "reino mágico". Os atendentes estão sempre sorridentes, não há lixo caído pelo chão, as filas são extremamente organizadas e até o cheirinho que circula pelo ar é gostoso!

---

[5] Fonte: Forbes Brasil

> ## VOCÊ SABIA?
>
> Para incrementar a "magia" nos seus parques, a Disney desenvolveu os *Smellitizers*, ou as "máquinas de cheiro". A companhia apostou nos aromas para melhorar a experiência sensorial de seus *guests*, já que o cheiro tem um poder intenso de estimular a memória humana. Do perfume doce da baunilha ao aroma único de madeira e brisa oceânica, entre outros odores presentes em seus vários espaços, a Disney usa uma tecnologia relativamente simples para espalhar cheiros: o posicionamento estratégico de substâncias perfumadas entre um ventilador ou fonte de ar pressurizado e o público.[6]

E, não custa lembrar, que aqui estamos falando de uma estrutura operacional gigantesca: só o complexo da Disney em Orlando, na Flórida, recebe em torno de 56 milhões de visitantes por ano. o Magic Kingdom, principal parque do grupo (aquele com o Castelo da Cinderela), tem uma média de público de mais de 1 milhão de pessoas por mês.

E, mesmo com este verdadeiro batalhão de adultos e crianças, vindos de todas as partes do mundo e invadindo diariamente seus parques, atrações, restaurantes e lojas, tudo parece funcionar na mais SIMPLES harmonia.

Como é possível?

---
[6] Fonte: Portal Florida Lounge Club

"E TUDO COMEÇOU COM UM RATO."

Esta frase célebre (e, mais uma vez, simples!), concebida pelo próprio Walt Disney, sintetiza uma verdadeira aula para empresários e empreendedores. Ela pode ser interpretada de diversas maneiras, mas, para mim, fala sobre a importância de, independentemente do seu tamanho, nunca perder de vista de onde você veio e da essência do seu negócio.

Essa é uma lição valiosa que levo comigo e aplico na gestão de minha empresa. Porém, mais do que proporcionar ensinamentos motivacionais ou viagens inesquecíveis, a Disney também influenciou totalmente no profissional que sou hoje. .

Na primeira vez em que estive na Disney de Orlando, em 1995, confesso que fui para realizar um sonho de infância, de ver de perto aqueles personagens, o castelo, os brinquedos e sentir o tão famoso "clima de magia". Ao chegar lá, não poderia imaginar o quanto aquela experiência iria impactar também em minha carreira. Ao ver de perto toda aquela engrenagem em perfeito funcionamento, minha visão sobre atendimento ao cliente mudou completamente.

Desde então, tornei-me um verdadeiro obcecado pelo assunto e já voltei a Orlando outras diversas vezes. Além de adorar o destino, o meu encantamento fica ainda maior porque lá você observa de fato o que é uma empresa totalmente voltada para a satisfação do cliente. Quando estou nos parques, passo horas observando cada detalhe, o modo de agir dos funcionários, os processos adotados.

Algumas das circunstâncias que mais chamam a atenção são os famosos *magical moments*. Eles consistem em uma espécie de mandamento interno que determina a todo funcionário o dever de parar o que estiver fazendo para ajudar a solucionar o problema de um visitante ou, então, ter alguma atitude gentil que transforme a experiência dele em algo memorável.

Eu mesmo vivi na pele e testemunhei algumas dessas cenas. Certa vez, enquanto esperávamos o início de uma parada no Magic Kingdom, fui sozinho comprar lanches para mim e minha família. Empolguei-me no pedido e, como resultado, mal conseguia equilibrar tantas coisas na mão. Nem bem tinha colocado os pés para fora da lanchonete, quando, do nada, surgiu um funcionário e me perguntou onde estava sentado.

Nessa hora, já achei que tinha feito algo errado e ia tomar uma bronca, mas ele me pediu licença, pegou alguns dos meus hot-dogs e copos e disse: *Let's go?*. Cheguei ao meu lugar tão atônito com essa cordialidade (ou com o que eles chamam lá de "ser agressivamente gentil"), que pedi para tirar uma foto com ele!

O ocorrido não me saiu da cabeça: como ele teve essa reação automática de largar tudo e ir me ajudar, sem nem pensar duas vezes? Foi tudo tão rápido que nem teria dado tempo de ele ponderar se aquela atitude atrapalharia seus outros afazeres ou se seria bom, porque algum chefe que ele gostaria de impressionar estava por perto. Fiquei me questionando o quanto aquilo foi uma iniciativa genuína dele ou se ele foi treinado para isso.

Por outro lado, você consegue imaginar, dentro da sala de treinamento, o instrutor pegando um manual e lendo regras como: "Se você vir uma pessoa carregando dois hot-dogs, dois refrigerantes e batata frita, você deve ajudá-la imediatamente"? Não, né? Por mais que a Disney seja a Disney, não teria como formalizar uma instrução tão específica.

Em outra ocasião, no parque Hollywood Studios, observei uma garotinha pedindo autógrafo para um dos soldadinhos do Toy Story. A caneta, porém, falhou na hora. Sem sair do personagem, o soldadinho foi marchando até uma das banquinhas de *souvenirs*, pegou uma caneta que estava à venda, assinou o caderninho e deu à menina a caneta nova.

Novamente, fiquei tentando entender a lógica por trás daquele suposto processo: como é que o funcionário, interpretando um soldado de brinquedo, tomou todas aquelas decisões sem titubear, em uma situação completamente imprevisível? E, ainda, como é que o vendedor da lojinha não esboçou nenhuma reação ao ver o rapaz pegando a caneta e ofertando à garotinha? Consegue imaginá-lo dizendo: "Olha, espera um minutinho que preciso ver se meu supervisor libera"? Era muito improvável de eles terem combinado alguma coisa antes. Sério mesmo, quase chorei de emoção!

Você consegue enxergar a genialidade por trás de atitudes tão simples? Este é apenas um pequeno exemplo da preocupação da Disney em não decepcionar o visitante. Imagine a frustração da criança se não ganhasse o autógrafo do soldadinho do Toy Story simplesmente porque a caneta não funcionou.

E quanto isso custou para a Disney? Seis, oito dólares, ou qual seja o valor de uma caneta? Qual a dificuldade de colocar em prática gentilezas desse gênero para o seu cliente? Não é simples demais?

Esses *magical moments*, apesar de incríveis, são só uma espécie de bônus que a Disney faz para surpreender seus frequentadores. Não é exatamente (ou apenas) isso que encanta e conquista tão profundamente o público. Para mim – e tudo o que vou falar agora não se baseia em nenhum fato científico, além da minha própria observação –, o verdadeiro "segredo" está simplesmente no fato de que tudo ali funciona, principalmente na questão do atendimento ao cliente.

No nosso dia a dia, estamos tão acostumados a ter empresas nos maltratando, enganando ou nos dando dor de cabeça, que, quando chegamos àquele universo tão perfeitinho, ficamos deslumbrados.

O que quero dizer é o seguinte: quando você vai a um dos parques da Disney, você está indo atrás do Mickey, dos brinquedos e das paradas, certo? Você não está à procura de banheiros limpos, de atendentes sorridentes, de um lugar esteticamente agradável, de um estacionamento organizado... Porém, ao chegar lá, você encontra essa estrutura secundária sendo executada com maestria, garantindo que nada disso afete negativamente sua experiência.

E os "perrengues" existem, claro. Na Flórida faz um calor intenso, os parques são sempre lotados, as filas das atrações podem demorar horas, anda-se muito para ir de um lado a outro, o ingresso é caro (custa na faixa de 100 dólares por pessoa) e por aí vai.

Então, como há tão poucas reclamações? Porque o outro lado compensa – e muito. Por isso, quando as pessoas dizem para mim: "Nossa, a Disney é fantástica, de outro mundo!", digo: "Não, a Disney é absurdamente simples."

A MAGIA DA SIMPLICIDADE.

Está bem, estou repetindo que a Disney é "simples", "simples" e "simples", mas não contei ainda COMO eles aplicam, de fato, essa simplicidade nos seus processos. Na realidade, há pouquíssimo (para não dizer nenhum) material oficial da empresa explicando suas metodologias – e é até algo envolto em uma aura de mistério, sendo a confidencialidade exigida dos profissionais que trabalham no grupo ou que passam por seus processos seletivos.

Porém, como afirmei no início, existem centenas de livros escritos por especialistas no assunto, que buscaram essas informações entrevistando ex-funcionários, visitando os parques e estudando sobre o legado e a vida do próprio Walt Disney.

Um dos livros com o qual mais aprendi sobre o tema é o *Nos bastidores da Disney*, do expert americano em fidelidade do cliente Tom Connellan. Após uma extensa pesquisa, ele conseguiu decodificar quais seriam os sete fundamentos que fazem da Disney o sucesso que é.

Seriam eles:

1. CONCORRENTE É QUALQUER EMPRESA COM A QUAL O SEU CLIENTE O COMPARARÁ

Este conceito diz muito sobre a excelência no atendimento ao consumidor: para a Disney, não basta ser *top of mind* nos seus segmentos (parques temáticos, filmes, brinquedos etc.). Ela quer ser lembrada pelo seu cliente como a *melhor* quando comparada com qualquer outra marca, de qualquer outra área de atuação.

"Todos estão competindo na área de satisfação da clientela [seja qual for o ramo de atuação]", escreveu Connellan. Vicente Falconi, por sua vez, cita que: "O verdadeiro capital de uma empresa é a preferência de seus clientes."

Faz ainda mais sentido agora, não é?

2. FANTÁSTICA ATENÇÃO AOS DETALHES

A meu ver, a atenção primorosa aos detalhes é um dos grandes diferenciais da Disney. Nada ali é feito à toa. Essa preocupação está presente em todos os aspectos da cultura da empresa. Um exemplo dessa cultura: os funcionários não são chamados de funcionários, são os *cast members* (membros do elenco), enquanto os visitantes, na realidade, são *guests* (convidados).

Além disso, a "primeira lição que os novos contratados aprendem é NUNCA se referir a um *guest* como cliente e que deve tratá-lo, de fato, como se ele fosse um convidado na sua casa", explicou Bill Capodagli, consultor e autor do livro *O estilo Disney*, em uma palestra.

Se formos tratar de detalhes "estéticos", então, a coisa vai ainda mais além: todas as noites, depois que os parques encerram as atividades, são feitas manutenções, retocando pinturas, trocando lâmpadas, o que for preciso para que ele pareça novo pela manhã. "Uma empresa que se preocupa com a pintura de um poste prestará essa mesma atenção a qualquer coisa que envolva seus convidados", escreveu Connellan.

3. TODOS MOSTRAM ENTUSIASMO

É difícil escolher meus princípios favoritos, mas, com certeza, este é um deles. Aqui entra aquela ideia que expliquei acima, do ser "agressivamente gentil" e dos *magical moments*. Todos os *cast members*, não importa se são da equipe da segurança ou da presidência, recebem a orientação de parar tudo o que estiverem fazendo para ajudar ou oferecer ajuda a um *guest*.

A experiência do cliente sempre vem em primeiro lugar. Isso é algo levado tão a sério que é comum, por exemplo, você ver funcionários, independentemente do nível hierárquico ou da função, recolhendo o lixo caído no chão e o colocando na lixeira. Sabe por quê? Porque a limpeza é algo que afeta diretamente a sensação de bem-estar do visitante.

Esse comportamento proativo e meticuloso é ainda mais incentivado nos cargos de chefia, pois eles vão servir de exemplo para o restante da equipe, criando um verdadeiro ciclo "contagioso" de gentileza. Citando novamente Connellan: "o segredo está em transformar bom senso em prática".

Não disse que era simples? Então por que é tão difícil encontrar quem o faça?

4. TUDO MOSTRA ENTUSIASMO

Este fundamento conversa bastante com a questão número 2 (fantástica atenção aos detalhes). A ideia aqui é deixar claro que não são apenas as *atitudes* dos *cast members* que demonstram entusiasmo, mas também os pequenos detalhes das coisas. E a lição mais valiosa disso é que, provavelmente, a maior parte dos *guests* nem vai perceber certas minúcias, porém seus funcionários sabem – e isso pode ser uma ferramenta poderosa para mostrar a eles como a empresa está alinhada com o seu propósito.

Connellan resumiu assim: "Quando se fala em 'atenção aos detalhes', você quer dizer detalhes que afetam diretamente a experiência dos visitantes no parque; mas quando diz 'tudo mostra entusiasmo', está falando de alguma coisa que afeta a experiência de modo indireto (...). Naturalmente, o fato de tudo mostrar entusiasmo afeta a experiência dos convidados, mas de maneira que eles nem sequer costumam perceber. E é assim que deve ser".

5. MÚLTIPLOS POSTOS DE ESCUTA

Se você ainda não entendeu o que quero dizer com "simplicidade", este é um dos pontos que mostram isso com clareza. Ter um *feedback* do público sobre o seu produto/serviço é um recurso importantíssimo na hora de medir a satisfação do cliente. Não é raro ver corporações gastando fortunas com pesquisas de opinião ou ações de marketing com este objetivo.

A Disney também realiza pesquisas formais, é claro. Porém, ela criou outros processos que permitem (e estimulam) os funcionários a ficarem atentos às reclamações dos visitantes e também a se autoavaliarem constantemente, a fim de melhorar o atendimento. É assim que eles conseguem aperfeiçoar detalhes que vão lapidando a experiência dos *guests* – seja implantando mudanças na fila de uma atração, colocando mais mapas em pontos estratégicos ou acrescentando itens ao cardápio dos restaurantes.

"Se deixarmos de lado as informações dos *cast members*, estaremos menosprezando a mais valiosa fonte de informação de que dispomos: pessoas que têm centenas de milhares de contatos com nossos convidados todos os dias", diz outro trecho de *Nos bastidores da Disney*.

Existe algo mais elementar do que ouvir a opinião do funcionário que tem o contato direto com o cliente antes de tomar alguma decisão? E quantas empresas você conhece que realmente sistematizam e dão valor a esse ativo – ainda mais se o *feedback* vier de um empregado menos graduado na hierarquia interna?

6. RECOMPENSA, RECONHECIMENTO E COMEMORAÇÃO

"Ser claro [com os funcionários] é a chave da comunicação", afirmou Lee Cockerell, ex-vice presidente de operações da Disney de Orlando, em uma palestra. Segundo Cockerell, a gestão Disney acredita na importância de fornecer *feedbacks* sempre que possível para a equipe. Isso porque, para eles, a ausência de um elogio quando a pessoa excede as expectativas levaria à extinção deste instinto e, portanto, da busca constante pela excelência.

Assim, são realizados sorteios e premiações internos para celebrar esses funcionários que realizam boas práticas. E não se trata só de prêmios: há também uma cultura da chefia em reconhecer aqueles que fazem por merecer – mesmo que seja através de atitudes simples, como colocando uma mensagem elogiosa no mural dos funcionários.

Não quero soar repetitivo, mas existe algo mais simples do que fazer um elogio?

7. TODAS AS PESSOAS SÃO IMPORTANTES

Esta é outra verdade TÃO simples (para não dizer óbvia), mas que passa despercebido na cultura da maioria das empresas. Falei bastante sobre isso, mas não custa relembrar: a melhor maneira de ter um funcionário engajado é deixando clara a importância do papel que ele desempenha dentro da empresa. Lembra-se quando expliquei a etapa 3 do método Ideale – Comunicação? É aqui que isso se aplica.

Todos são peças-chaves para fazer a roda girar – não importa se é a "tia" do café ou o estagiário novato. Se eles estão ali é porque o que fazem impacta de alguma forma no negócio e nos clientes.

"VOCÊ TEM O PÓ MÁGICO DA SININHO?"

Na Disney, existe uma brincadeira entre os *cast members* segundo a qual eles estão cobertos pelo "pó mágico da Sininho". Esta seria a explicação para todos ali serem tão "agressivamente gentis" e sempre estarem criando *magical moments* para os visitantes. Trazendo para o mundo real, o pó da Sininho nada mais é do que aquele *plus* de dedicação, entusiasmo e engajamento que os funcionários da Disney demonstram ter.

E agora, a pergunta que você, se for gestor ou dono de empresa, já se fez milhares de vezes: como consigo fazer com que minha equipe seja dedicada, entusiasmada e engajada? Como tudo neste capítulo, a resposta é mais simples do que você pode supor: contratando as pessoas certas. É exatamente o que a Disney faz.

"A Disney considera cada colaborador uma peça-chave para o sucesso da empresa. Por conseguinte, criou um processo de recursos humanos tão complexo e completo que poderia até ser considerado como uma empresa independente dentro da Disney", revelou Lee Cockerell.

Segundo Cockerell, os interessados em trabalhar no grupo passam por uma intensa bateria de testes. Primeiro, devem se candidatar à vaga pelo site, respondendo a um questionário com mais de cem perguntas. "Queremos conhecer você antes de te trazer para dentro da nossa família", justifica.

Se aprovado, o candidato segue para o processo de seleção em si. Ali, antes de qualquer coisa, ele deve assistir a um vídeo de mais de 20 minutos, que explica sobre a filosofia Disney, a cultura da empresa, as regras, as proibições, os diferentes papéis dos *cast members*, a remuneração, os benefícios etc.

Estima-se que nesta etapa cerca de 20% das pessoas desistem. E isso é uma ótima notícia. É um jogo limpo dos dois lados: a empresa diz exatamente o que espera do contratado e o indivíduo já vê, logo de cara, se conseguirá se adequar ou não. Depois, há ainda rodadas de longas entrevistas, tanto com a equipe do RH como com os futuros colegas de departamento. Além das habilidades exigidas para cada cargo, há outro critério que os recrutadores observam, importantíssimo para o *business* da Disney: contratar pessoas que gostem de pessoas.

O consultor Bill Capodagli comentou sobre essa visão da empresa: "Eles me disseram que aos 15 anos já é possível determinar se o indivíduo é uma pessoa que gosta de lidar com pessoas, de servir os outros. Se não for a essência natural dela, dificilmente algum treinamento ou regra corporativa irá mudar isso". Ou seja, por mais bem qualificado que esse candidato seja, se não gosta de pessoas, não tem o perfil para trabalhar na organização. Não adianta dar bronca, dar treinamento, ameaçar: a culpa é sua por ter posto a pessoa errada no lugar errado.

Mas não vamos adiantar a conversa: recrutamento e seleção, quem sabe, pode ser o tema do nosso próximo livro.

"PRIMEIRO CONTRATE UM SORRISO, DEPOIS ENSINE AS TÉCNICAS."

Walt Disney

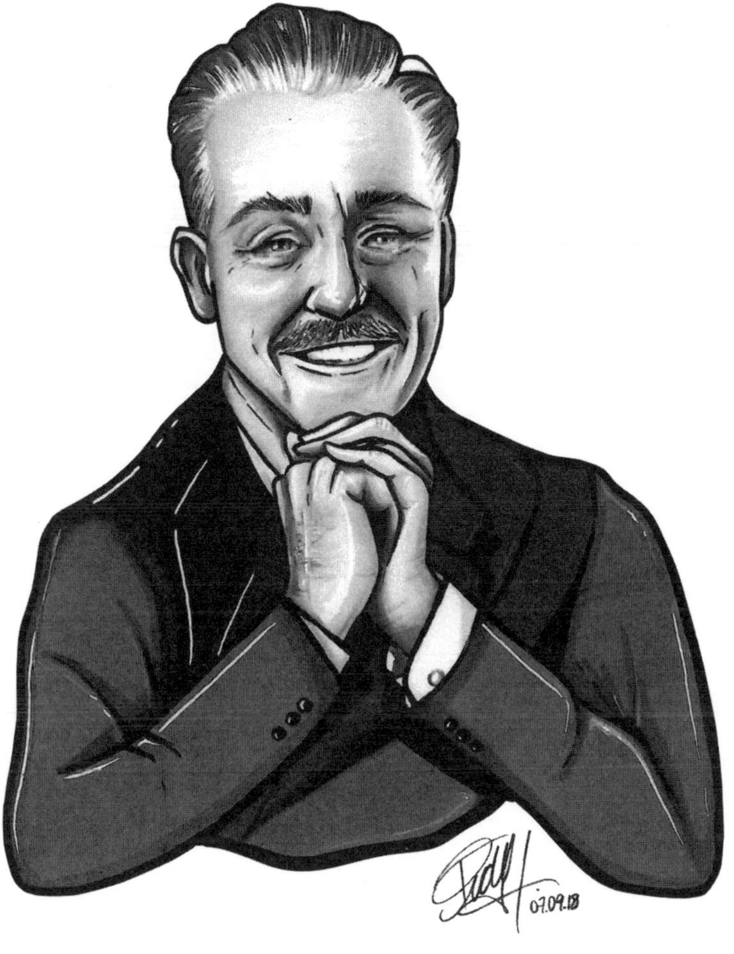

"FAÇA O QUE VOCÊ FAZ TÃO BEM
QUE AQUELES QUE O VEJAM
FAZER O QUE VOCÊ FAZ
VOLTAM PARA VÊ-LO FAZER
NOVAMENTE E DIZER
AOS OUTROS QUE ELES
DEVEM FAZER O QUE VOCÊ FAZ."

Walt Disney

ACABOU, MAS AINDA TEM!

AÇÃO PRECISA DE MOVIMENTO

Meu **PLANO DE AÇÃO** para agora:

Minhas dicas para seu **PLANO DE AÇÃO**:

- DESCUBRA SEU PROPÓSITO. LEMBRE-SE: PROPÓSITO NÃO SE CRIA, DESCOBRE-SE.

- TENHA UMA LOUSA NA SUA SALA DE TRABALHO COM MUITAS CANETAS COLORIDAS!

- LEIA MUITO. MAS LEIA LIVROS BONS, PESQUISE OS AUTORES.

- USE O T.B.C. (TIRE A "BUNDA" DA CADEIRA) E VÁ ATRÁS DO QUE VOCÊ QUER OU PRECISA!

- COMPRE E USE UM CADERNINHO (PODE SER O BLOCO DE NOTAS DO CELULAR OU TABLET TAMBÉM).

- CONVERSE COM PESSOAS QUE FAÇAM VOCÊ SONHAR. BUSQUE INSPIRAÇÕES.

- IGNORE QUEM NÃO ACREDITA EM VOCÊ.

- PASSE MUITO TEMPO COM SUA FAMÍLIA.
- INVISTA E COLECIONE MUITOS LIVROS!
- CUIDE (E MUITO) DE SUA SAÚDE.
- ESQUEÇA UM POUCO (OU MUITO) AS REDES SOCIAIS.
- DIVIRTA-SE COM SEUS AMIGOS. DÊ MUITAS RISADAS.
- TENHA UM PET (CACHORRO, CACHORRA, UM GATO, UM HAMSTER...).
- NÃO DÊ MUITA IMPORTÂNCIA AOS RESULTADOS DO SEU TIME, MAS NÃO DEIXE DE TORCER POR ELE.
- FAÇA PLANOS E REALIZE MUITAS VIAGENS.
- ACORDE CEDO!

"A MAIOR PARTE DA MINHA VIDA FIZ O QUE DEVERIA FAZER. EU ME DIVERTI NO TRABALHO."

Walt Disney

COMPARTILHANDO CONHECIMENTO

LIVROS DE QUE GOSTO MUITO

Todos do SIMON SINEK, principalmente o JUNTOS SOMOS MELHORES

Todos do AUSTIN KLEON, principalmente o ROUBE COMO UM ARTISTA – MINHA MAIOR INSPIRAÇÃO!

INFORMAR NÃO É TREINAMENTO, Harold D. Stolovitch e Erica J. Keeps – MUITO BOM!

APRESENTAÇÕES CONVINCENTES – Nancy Duarte e Marcelo Schild

O PODER DO HÁBITO – Charles Duhigg

CABEÇA FRIA, CORAÇÃO QUENTE – Abel Ferreira

TQC – CONTROLE DA QUALIDADE TOTAL – Prof. Vicente Falconi Campos

TRABALHAR PARA QUÊ? – Barry Schwartz

Todos os MANUAIS DA DISNEY, principalmente o dos ESCOTEIROS MIRINS

Todos os LIVROS SOBRE A DISNEY.

A BÍBLIA

VAMOS CONVERSAR

SOBRE TUDO ISSO OU NADA DISSO

MUITO OBRIGADO!

"A GENIALIDADE ESTÁ NA IDEIA. O IMPACTO VEM DA AÇÃO."

Simon Sinek

AGRADECIMENTOS

Vou confessar que esta é a página mais difícil de escrever, porém uma das mais importantes.

Escrever um livro não é fácil, mas é uma experiência extraordinária. É um exercício de autoconhecimento, de reflexões e viagens na memória e de muita ajuda.

Muito obrigado a minha família, minha esposa querida Bete e meus filhos Pedro e João, que suportam minhas críticas e observações em quase todos os atendimentos que recebemos, nos nossos passeios e fins de semana.

Meus amigos Carlos Gardini, Isley e Adriana Tranquitelli pelo apoio e ouvidos sobre minhas ideias e pela companhia nas viagens e encontros gastronômicos.

Obrigado muito especial a minha tia Rosa Maria Zuccherato e sua equipe, que me ensinaram e muito sobre a arte e os desafios de como se escreve um livro, aprendi muito nesse período. Valeu Renata e Maurício! Valeu Guilherme!

Obrigado a todo o meu time da Ideale, em especial a Vanessa Duran, crítica e exigente dos prazos, me ensinou muito sobre ação.

Muito obrigado a todos clientes, fornecedores, amigos e colegas de trabalho.

Muito obrigado Walt Disney, pela genialidade e oportunidade de viver momentos de incrível magia e felicidade.

MINHAS FICHAS

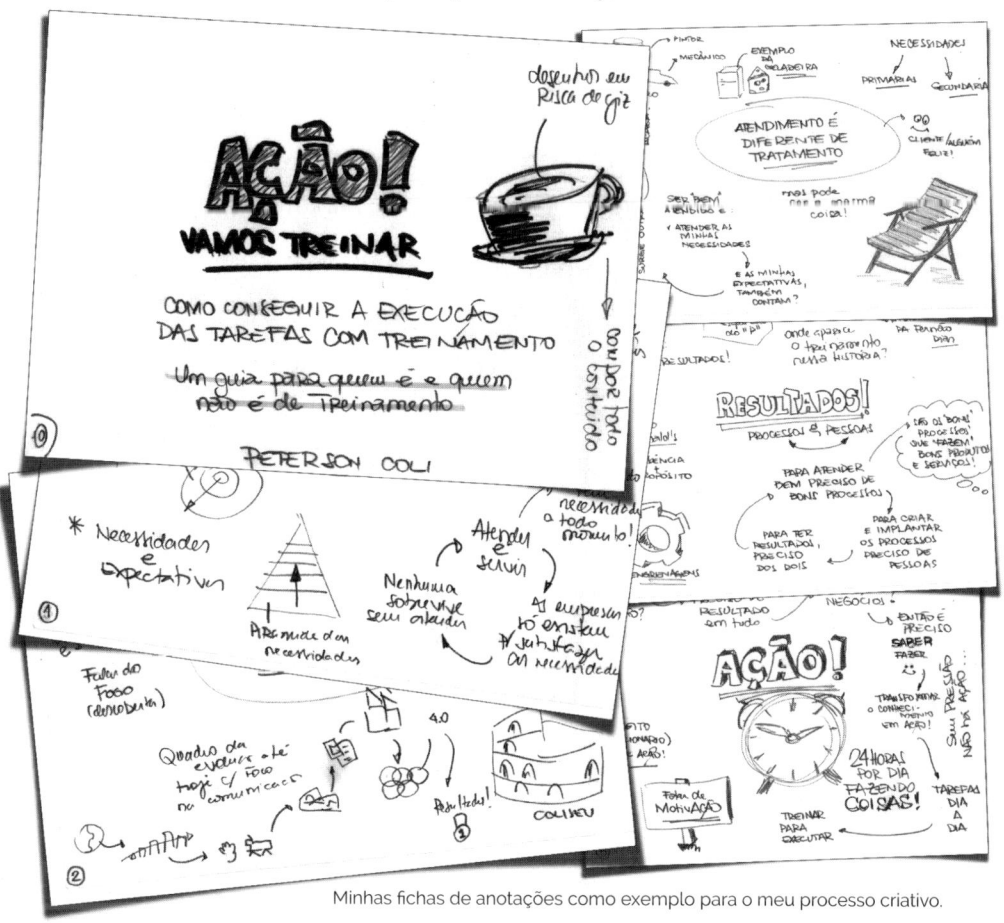

Minhas fichas de anotações como exemplo para o meu processo criativo.

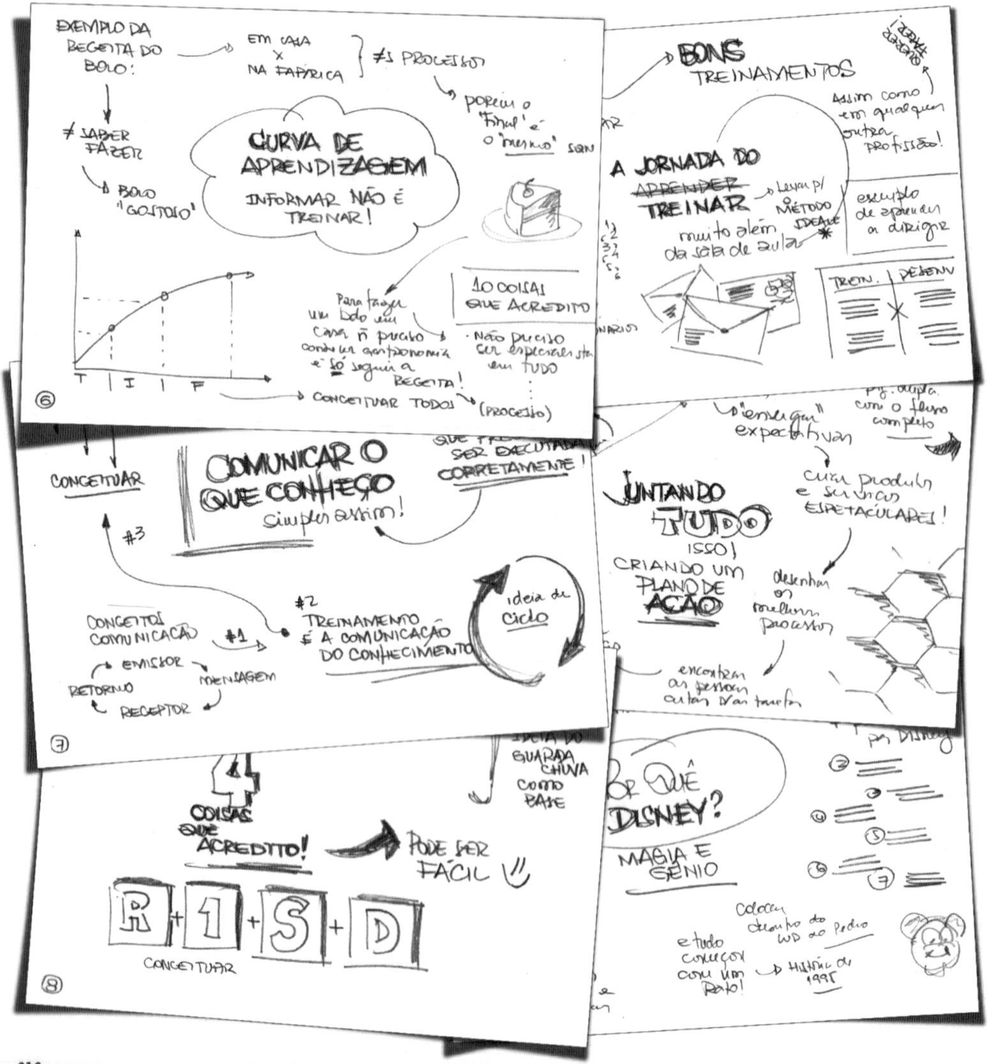

NOVALEXANDRIA

Rua Engenheiro Sampaio Coelho, 111
São Paulo - SP
Telefone: (11) 2215-6252
www.editoranovaalexandria.com.br

Ideale books

R. São Paulo, 762
São Caetano do Sul - SP
Telefone: (11) 99481-0796
www.idealetreinamentos.com.br

WWW.PETERSONCOLI.COM.BR

@petersoncoli

@petersoncoli

@petersoncoli

Ideale books

Ação! Vamos Treinar.
Formato: 15,5 x 16 cm
Papel: Capa Cartão 250 g e Miolo Offset 90 g
Tiragem: 1000
216 páginas

ISBN: 978-8-57492-501-1